前言

党的十八大以来，中国特色社会主义进入新时代。以习近平同志为核心的党中央带领全国各族人民实现了党的第一个百年奋斗目标，在中华大地上全面建成小康社会，并意气风发地向着全面建成社会主义现代化强国的第二个百年奋斗目标迈进。

习近平总书记指出：“一切向前走，都不能忘记走过的路，走得再远、走到再光辉的未来，也不能忘记走过的过去，不能忘记为什么出发。”因为“历史对一个国家、一个民族，就像记忆对于个人一样，一个人丧失了记忆就会成为白痴，一个民族如果忘记了历史，就会成为一个愚昧的民族”。而一个愚昧的民族是没有未来可言的。

中华民族五千多年的历史留下了许多宝贵的遗产。其中，中国共产党走过的百年历史书写了可歌可泣的奋斗史诗，无疑是五千多年文明史留给我们最重要、最宝贵的历史财富。习近平总书记强调：“要了解我们党和国家事业的来龙去脉，汲取我们党和国家的历史经验，正确了解党和国家历史上的重大事件和重要人物。这对正确认识党情、国情十分必要，对开创未来也十分必要，因为历史是最好的教科书。”

为了使广大青少年做到以史为镜、以史明志、知史爱党、知史爱国，我们编写了“走进新时代”丛书，通过挖掘精彩故事来展现中国特色社会主义新时代的丰富内涵，教育引导广大青少年在新时代继续沿着革命先辈的足迹奋勇前行，从小自觉做到听党话、跟党走。

丛书第一册重点围绕“旗帜飘扬”“伟大的征程”“我爱我的祖国”“榜样的力量”，第二册重点围绕“为了民族的复兴”“强国梦　我的梦”“从小学先锋　长大做先锋”“红色基因　我们传承”，第三册重点围绕“初心使命”“强国伟业”“时代先锋”“制度优势”“红色血脉”，第四册重点围绕“走得再远都不能忘记来时的路”“中国人民从此站起来了”“中国道路在接续探索中开创”“幸福生活都是奋斗出来的”等主题，通过讲好故事与阐释理论相结合，回答好中国共产党为什么“能”、中国特色社会主义为什么“好”、中华人民共和国为什么“强”、马克思主义为什么“行”等“时代之问”，从而帮助青少年扣好人生第一粒扣子，时刻牢记“请党放心，强国有我”的宏伟誓言，为实现中华民族伟大复兴的中国梦而刻苦学习。

目录

第一章 走得再远都不能忘记来时的路

第一节 三千年未有之大变局 / 2
第二节 开天辟地大事变 / 6
第三节 唤起工农千百万 / 11
第四节 浴血罗霄 / 15
第五节 红旗跃过汀江 / 20
第六节 没有调查就没有发言权 / 26
第七节 风展红旗如画 / 29

第二章 中国人民从此站起来了

第一节 怀疑产生了，增长了，发展了 / 36
第二节 世界上最精干的中央政府 / 42
第三节 拨开“中国向何处去”的迷雾 / 46
第四节 愚公移山 / 50
第五节 最后一个农村指挥所 / 55
第六节 进京“赶考”的首份答卷 / 59
第七节 雄鸡一唱天下白 / 63

第三章 中国道路在接续探索中开创

第一节 意气风发迈进社会主义 / 70
第二节 敢教日月换新天 / 74
第三节 开启“春天的故事” / 78
第四节 加快改革开放和现代化建设新步伐 / 83
第五节 走进新时代 启航新征程 / 87

第四章 幸福生活都是奋斗出来的

第一节 革命先烈抛头颅洒热血才换来了新中国 / 92
第二节 老一辈建设者开基创业奠定坚实基础 / 98
第三节 把为人民幸福而奋斗作为自己最大的幸福 / 104
第四节 新时代砥砺奋进 续写辉煌 / 109
第五节 人民军队忠实履行党赋予的使命任务 / 113

第一章

走得再远都不能忘记来时的路

导 语

红色政权是中国共产党在革命战争年代创立的工农民主政权。土地革命战争时期，中国共产党人在国民党反动统治薄弱地区陆续创建各级红色政权。从此，中国共产党开始了领导中国人民创建红色政权的艰辛历程。尽管我们已经日渐远离了革命战争年代，但是“吃水不忘挖井人”，在新时代过着幸福生活的广大青少年应当时刻铭记：红色江山来之不易，是千千万万革命前辈用鲜血换来的。

》第一节　三千年未有之大变局

在福州市鼓楼区三坊七巷附近的澳门路上，坐落着一座古老的建筑——林文忠公祠，它是专门为纪念民族英雄林则徐而修建的。林则徐（1785—1850），福建福州人，是清朝中后期著名政治家、文学家。1839 年 3 月，林则徐被任命为钦差大臣，前往广州雷厉风行地开展禁烟运动，在虎门将外国商人上缴的 230 多万斤鸦片全部当众销毁。林则徐以虎门销烟、奋力抗英而闻名世界、名垂青史，为后人称颂。然而，腐败无能的清政府在英国殖民者发动的鸦片战争中丧失了抵抗能力，签订了中国近代史上第一个不平等条约——《南京条约》，中国开始陷入了近代民族沉沦的苦难境地。

虎门销烟纪念浮雕

习近平总书记在福建工作期间非常重视继承和发扬林则徐的爱国主义精神。在福州工作期间，他曾亲自参加林则徐铜像揭幕仪式，并在纪念林则徐210周年诞辰大会上发表讲话，明确提出要“继承、发扬林则徐坚贞不渝的爱国主义精神和气贯长虹的民族正气，学习他清廉刚正的高尚风范，学习他‘开眼看世界’的开拓精神”。党的十八大之后，习近平总书记还多次提到林则徐“苟利国家生死以，岂因祸福避趋之”等名言，高度称赞林则徐的报国情怀。

林文忠公祠

1. 近代民族的沉沦

中华民族曾在历史上创造过辉煌的文明，造纸术、指南针、火药、印刷术四大发明造福全世界。漫长的封建社会曾出现汉代文景之治、唐代贞观之治和开元盛世，即便到了清代，还出现了康雍乾三朝盛世的景象。

但是，“夕阳无限好，只是近黄昏”。康乾盛世毕竟是封建王朝“落日的辉煌”，帝国早已危机重重。鸦片战争前夕，已有一些有识之士敏锐地意识到封建统治的“衰世”之相和内部危机。林则徐的友人、杰出的思想家龚自珍在鸦片战争的前一年，即1839年，写就的《己亥杂诗》中写道：“九州生气恃风雷，万马齐喑究可哀。我劝天公重抖擞，不拘一格降人才。”作者表达了对当时清王朝统治下死气沉沉局面的不满，希望有巨大的风雷兴起，荡涤令人窒息的空气，打破限制人才的桎梏，使神州大地呈现勃勃生机。然而，龚自珍、林则徐等一批有识之士的疾呼在当时根本不能唤醒昏聩无能的统治集团。况且，封

龚自珍画像

林则徐画像

建政权也没有力量去解决各种复杂的社会矛盾和统治危机。1841 年 9 月，龚自珍在忧国忧民的悲愤中去世。而此时，英国侵略者正发动鸦片战争，企图用坚船利炮打开古老中国的大门。

知识链接

赴戍登程口占示家人（其二）

（清）林则徐

力微任重久神疲，再竭衰庸定不支。
苟利国家生死以，岂因祸福避趋之！
谪居正是君恩厚，养拙刚于戍卒宜。
戏与山妻谈故事，试吟断送老头皮。

（1842 年 8 月，林则徐被朝廷革职，在遣戍伊犁前，与家人告别，写下了这首告别诗。诗中表达了他忠心为国、不计个人利害得失的决心。）

鸦片战争以清政府签订丧权辱国的《南京条约》告终，从此中国逐步沦为半殖民地半封建社会。随着帝国主义侵略的加深，清政府又被迫签订了一系列不平等条约，中华民族陷入日益沉沦的悲惨境地。

2. 国家危机四伏

从鸦片战争开始，西方殖民者每发动一次战争，就强迫中国签订一个不平等条约。据不完全统计，从中英签订《南京条约》起，近代中国先后与 22 个国家签订了 745 个不平等条约。不平等条约是西方列强强行套在中华民族身上的沉重的殖民枷锁。经济学家漆树芬在《经济侵略下之中国》一书中写道，帝国主义与封建军阀利用不平等条约，狼狈为奸，“帝国主义根据不平等条约以达其压

不平等条约签订蜡像场景

迫榨取之目的，军阀则靠此不平等条约以酿成此循环之内乱，所以这一部不平等条约，实为我之酸心疾致命伤”，“实为束缚我之桎梏陷阱”。

在西方殖民者面前，中国封建统治者从一开始就充分暴露出腐朽、无能的面目。他们出卖国家主权和利益，在侵略者面前卑躬屈膝。广东三元里人民自发组织起来反抗英国侵略者，当时朝廷派往广东的“靖逆将军”奕山却派人“劝谕”民众解围。奕山等人的行径遭到当时士林舆论的痛斥：“前时但说‘民通寇’，此日翻看吏纵夷！”封建统治者视人民为“贼寇”，奕山等官员甚至荒诞地声称“到处汉奸充斥”“防民甚于防寇”。第二次鸦片战争后，清政府就彻底沦落，公然与外国侵略者相互勾结，“借师助剿”，镇压人民的反抗，依靠侵略者来维持自己的统治。

3. 仁人志士的上下求索

面对日益加深的民族危机，不同的政治力量为救亡图存进行了痛苦的探索。洪秀全领导的太平天国运动，李鸿章、张之洞等封建地主阶级代表兴起的洋务运动，康有为、梁启超等资产阶级维新派发动的戊戌变法，以及孙中山、黄兴等资产阶级革命派领导的辛亥革命，先后出现在近代中国的政治舞台上，但最终都以失败告终。太平天国运动在中外反动势力的联合绞杀下悲壮地落幕了，苦心经营30多年的洋务运动随着甲午战争北洋水师的全军覆没而宣告破产，戊戌变法仅仅维持了103天就因以慈禧太后为代表的封建顽固势力发动政变而夭折，而辛亥革命取得的成果，却被以袁世凯为首的北洋军阀所窃取。

戊戌变法纪念浮雕

历史证明，无论是农民阶级还是封建统治阶级内部的洋务官僚，无论是资产阶级改良派还是资产阶级革命派，都不能为中国人民找到一条民族振兴的正确道路。

要挽救中华民族于水火之中，客观上需要一个崭新的先进阶级及政党。

第二节　开天辟地大事变

1921 年 7 月，中国共产党第一次全国代表大会（简称“中共一大”）先后在上海、嘉兴召开。2017 年 10 月 31 日，习近平总书记在瞻仰上海中共一大会址和浙江嘉兴南湖红船时指出：“上海党的一大会址、嘉兴南湖红船是我们党梦想起航的地方。我们党从这里诞生，从这里出征，从这里走向全国执政。这里是我们党的根脉。”

中共一大尽管是秘密召开的，但却是开天辟地的大事件。它给苦难深重的近代中国带来了希望，是近代以来中华民族从沉沦到复兴的转折点。

1. 光辉的起点

1921 年 7 月 23 日，中共一大在上海法租界望志路 106 号的一幢小楼里开幕。国内各地的党组织和旅日的党组织共派出 13 名代表出席大会，他们是上海的李达、李汉俊，北京的张国焘、刘仁静，长沙的毛泽东、何叔衡，武汉的董必武、陈潭秋，济南的王尽美、邓恩铭等人。共产国际代表马林和尼克尔斯基出席了这次大会。

上海中共一大会址

会议进行到 7 月 30 日，一名陌生男子突然闯入会场，声称找错人了，并匆忙下楼离去。共产国际代表马林具有丰富的地下斗争经验，十分机警。他怀疑陌生人是密探，建议立即中止会议。果然，在大多数代表转移后不久，法租界的巡捕包围、搜查了会场。

鉴于会议地点已被租界当局监视，继续在上海开会很危险。与会代表们决定改在浙江嘉兴继续举行会议。马林和尼克尔斯基是外国人，容易引起注意，因而未前往嘉兴。李汉俊等人因为被密探跟踪，也没有出席。其他代表分批坐火车前往嘉兴，在南湖租了一艘游船，继续开会，完成了各项议程。

浙江嘉兴南湖红船

中共一大作出一系列具有历史性意义的决定：确定党的名称为“中国共产党”；确定党的纲领是“推翻资产阶级”，“废除资本主义私有制”，“采用无产阶级专政，以达到阶级斗争的目的——消灭阶级”，等等。会议选举陈独秀、张国焘、李达组成中央局，陈独秀为中央局书记。中共一大在风雨如晦的岁月里召开，中国共产党从建党开始，就旗帜鲜明地将马克思主义作为行动指南，把为中国人民谋幸福、为中华民族谋复兴作为初心和使命。同时，形成了坚持真理、坚守理想，践行初心、担当使命，不怕牺牲、英勇斗争，对党忠诚、不负人民的伟大建党精神，这是中国共产党的精神之源。

“疾风知劲草，板荡识诚臣。”只有暴风骤雨、大风大浪等危险和困难，才能真正考验一个人的意志和品质。参加中共一大的13名代表，在中国革命巨浪的考验下，走上了不同的人生道路。他们当中，多数人一直坚持马克思主义、共产主义的理想信念，为中国革命事业百折不挠地坚持奋斗，或历尽劫波成为新中国的缔造者，或因长期忘我工作、积劳成疾而过早病逝，或遭反动派迫害而献出生命；少数人或中途脱党，或在党成立后不久背叛革命、被清除出党，成为历史罪人。

历史的潮流浩浩荡荡，中共一大代表们不同的人生轨迹和归宿，给我们留下深刻的历史启迪。一个世纪以来，中国共产党始终保持伟大建党精神，始终保持对人民的赤子之心，带领中国人民实现了从站起来到富起来、强起来的伟大飞跃。2017年10月，习近平总书记在瞻仰上海中共一大会址和浙江嘉兴南湖红船时指出：“事业发展永无止境，共产党人的初心永远不能改变。唯有不忘初心，方可告慰历史、告慰先辈，方可赢得民心、赢得时代，方可善作善成、一往无前。”

知识链接

沁园春·长沙

毛泽东

独立寒秋，湘江北去，橘子洲头。
看万山红遍，层林尽染；漫江碧透，百舸争流。
鹰击长空，鱼翔浅底，万类霜天竞自由。
怅寥廓，问苍茫大地，谁主沉浮？
携来百侣曾游，忆往昔峥嵘岁月稠。
恰同学少年，风华正茂；书生意气，挥斥方遒。
指点江山，激扬文字，粪土当年万户侯。
曾记否，到中流击水，浪遏飞舟？

清明节游嘉兴南湖访烟雨楼

董必武

革命声传画舫中，
诞生共党庆工农。
重来正值清明节，
烟雨迷濛访旧踪。

2. 囊萤楼点燃闽西南革命星火

中共福建地方党组织是在中共中央和中共广东区党组织的直接指导和帮助下创建的。1926 年 2 月，以罗扬才为书记的中共厦门大学支部成立，成为福建省最早成立的党支部之一。

罗扬才，1905 年生于广东大埔，1921 年转学进入集美学校师范部。罗扬才与罗善培（后改名为罗明）、李觉民等人在此积极传播新思想、组织进步社团。1924 年，罗扬才考入厦门大学预科，1925 年 6 月加入共青团。同年 11 月，罗扬才作为厦门学生联合会代表赴广州参加两广地区大学生代表会议。此前，罗善培已到广州参加区团委的工作。会议期间，由共青团广东区委书记杨善

罗扬才

厦门大学

集和罗善培介绍，罗扬才加入中国共产党，成为厦门地区第一位共产党员。1926 年 1 月，共青团厦门支部书记李觉民赴广州参加第二次全国代表大会。会议期间，李觉民由杨善集和罗善培介绍，加入中国共产党。这样，厦门地区就有了两名共产党员。根据党的组织原则，必须有 3 名以上党员才能成立党支部。为此，罗善培向杨善集建议，调派广东大学（即后来的中山大学）学生、党员罗秋天转学到厦门大学。这样，厦门地区就有了 3 名共产党员，具备了成立党支部的基本条件。1926 年 2 月，罗扬才、李觉民和罗秋天聚在厦门大学囊萤楼一楼学生宿舍，成立了中共厦门大学支部，罗扬才任书记。

研学实践

厦门大学研学实践

厦门大学囊萤楼

可前往厦门大学参观囊萤楼，瞻仰罗扬才烈士雕像，了解中共厦门大学支部的创建过程和罗扬才烈士的革命事迹。

中共厦门大学支部的创建，为闽西、闽南地区党组织的发展带来了动力。罗扬才等人以厦门大学党支部为基础，向厦门地区辐射，逐步发展党员。这些党员成为后来在闽西、闽南地区开展建党工作的种子。其中，阮山、林心尧等人在永定建立中共永定支部，成立福建省第一个农村党支部。

1926 年 2 月底，罗善培受中共广东区委派遣到厦门整顿党、团组织工作，并为广州第六届农民运动讲习所招收学员。在罗扬才和中共厦门大学支部的协助下，罗善培从龙岩、漳州等地选拔了郭滴人、陈庆隆、朱文昭、温家福、胡永东、王奎福、朱积垒、李联星、黄昭明等 9 位革命青年。罗扬才亲自将这 9 位青年送上前往广州的轮船。这些革命青年在学习期间先后加入中国共产党，后来随北伐军入闽，回到闽西南地区组织农民协会，开始建立和发展党组织。他们就像莽原上的零星火种，点燃了闽西、闽南大地的革命之火。

除了闽西南地区，八闽大地上其他地方也燃起革命火种。

1921 年 7 月，中国共产党成立后，陈任民、方尔灏等进步青年在五四运动的影响下，开始接受马克思主义，并设法与党中央和团中央取得联系，酝酿成立党、团组织。1926 年 4 月，在党中央的指导下，以方尔灏为书记的中共福州地方执行委员会正式成立，直属党中央领导。

中共福州地方执行委员会成立后，为闽东、闽北等地区发展党组织方面发挥了重要的辐射作用。1926 年 7 月，葛越溪、潘作民、杨峻德等人在建瓯成立闽北地区第一个党支部——中共建瓯支部，由中共福州地方执行委员会领导，葛越溪任书记。1927 年 6 月，在福州求学的宁德古田籍学生陈炳等人受中共福州地方执行委

中共沙县特别支部领导人姜敢（前排右二）和当地进步青年合影

员会指派，回宁德古田建立闽东地区最早的党组织——中共古田特别支部，陈炳任书记。1928 年，在福州求学的中共党员官锦铨、姜敢等人在沙县成立了三明地区最早的党组织——中共沙县特别支部，直属中共福州地方执行委员会领导。

1926 年 6 月，陈国柱在莆田成立中共莆田支部，由中共中央直接领导，陈国柱任书记，这是闽中地区第一个党组织。

以上这些党组织的建立，把革命的火种进一步播撒向更广大的区域，福建人民的革命斗争从此有了坚强的领导力量。

》第三节　唤起工农千百万

1930 年 8 月底的一天，在一间阴暗的牢房里，一位 25 岁的青年拖着伤痕累累的身躯，伏在地上急速地写着：

伟大的中国共产党和全体亲爱的同志们！当我在写这封信的时候，国民党匪徒正在秘密疯狂地屠杀着我们的同志，被判重刑的或无期徒刑的同志，差不多全被迫害了！几分钟以后，我也会遭到同样的被迫害的命运。

伟大的党！亲爱的同志们！我非常感谢你们。由于党给我的教育，使我认识了这社会的黑暗，使我认识了革命，使我成为一个有生命的人。现在在这最后的一刹那，我向伟大的党和你们致以最崇高的敬礼！

我愿意为真理而死！遗憾的是自己过去的工作做得太少，想补救已经来不及了。在监狱里，看到每一个同志在就义时都没有任何一点惧怕，他们差不多都是像去完成工作一样跨出牢笼的，他们没有玷污过我们伟大的党、光荣的党。现在我还未死，我要说出我心中最后的几句话，这就是希望党要百倍地扩大工农红军；血的经验证明，没有强大的武装，要想革命成功，实在是不可能的，同志们，壮大我们的革命武装力量争取胜利吧！胜利的时候，请你们不要忘记我们！

裘古怀

八月二十七日

在他动笔写遗书之前，已有几位狱友相继被带走。他已预感自己来日无多，于是匆忙写就了这封给党的遗书。写完遗书后不久，他便英勇就义。他就是裘古怀烈士。

裘古怀

裘古怀，1905 年出生于浙江奉化，1925 年 11 月考入黄埔军校，1926 年加入中国共产党，被派到国民革命军第四军叶挺独立团，1927 年随部参加了著名的南昌起义。后来，他艰辛辗转返回浙江，开展武装斗争，发动了兰溪秋收暴动，不幸于 1929 年 1 月被捕。

南昌起义打响了武装反抗国民党反动派的第一枪，中国共产党开始创建人民军队。裘古怀在给党组织的遗书中所说的“血的经验证明，没有强大的武装，要想革命成功，实在是不可能的”，这正是他在狱中对武装斗争经验教训的深刻总结。

1. 挽狂澜于天塌地陷时

1927 年，中华大地的上空乌云密布。蒋介石、汪精卫等国民党右派集团先后制造了震惊中外的四一二、七一五反革命政变，无数共产党人和革命群众在“清党”中遭到血腥屠杀。

面对白色恐怖，1927 年 8 月 7 日，中共中央在汉口召开紧急会议，即八七会议。这次会议原计划定于 7 月 28 日举行。但当时形势紧迫，国民党反动派四处搜捕共产党人，外地代表难以安全赶赴汉口。直到 8 月 7 日，人员仍然未到齐。最终，只有 20 多人参加会议且会议仅开了 1 天时间。当时环境险恶，为了防止暴露，中央机要交通员费了好大的劲，才在敌人的眼皮底下将代表们一个一个地带进会场。

八七会议会址

会议决定开展土地革命和武装反抗国民党反动统治的方针。毛泽东在会议发言中提出了“枪杆子里出政权”的著名观点。八七会议为当时处于混乱局面的中国共产党指明了新出路，实现了中国革命由大革命失败到土地革命战争兴起的历史性转变。

八七会议后，党中央派出一批干部分赴各地恢复和整顿党组织，发动武装暴动。1927 年 9 月 9 日，毛泽东领导了秋收起义。同年 12 月 11 日，张太雷等人领导了广州起义。经过南昌起义、秋收起义、广州起义及其他各地举行的一系列起义，中国共产党进入了创建红军、创立红色政权的新时期。特别是秋收起义失败后，毛泽东果断地改变计划，把起义军转移到敌人统治力量薄弱的农村地区，从而开创了井冈山革命根据地。

2. 八闽大地惊现霹雳

南昌起义后，周恩来等率起义军南征广东，途经闽西长汀、上杭、永定、武平等地。中共闽南特委获悉南昌起义军入闽，立即派特委宣传部部长罗明前往联系。罗明在上杭找到周恩来，代表特委提出要求，让起义军留下一些部队，帮助闽西开展武装斗争。但起义军计划前往广东重建革命根据地，不宜分散兵力。虽然南昌起义军没有留下来，但是他们在闽西期间发动群众，帮助建立地方赤卫队，指导发展地方党组织，为闽西人民的革命斗争起到重要的鼓舞和指导作用。

在南昌起义军的鼓舞下，闽西党组织根据党的八七会议精神，积极开展农民暴动。从 1928 年 3 月开始，龙岩、平和、上杭、永定等地在党的领导下，先后举行武装暴动，拉开了福建土地革命的序幕。

1928 年 3 月 4 日晚，龙岩白土乡后田村农民在罗怀盛、郭滴人、邓子恢等人领导下举行暴动，揭开了闽西工农武装起义的序幕，打响了福建工农武装起义的第一

后田暴动纪念馆

枪。起义失败后，一支 20 余人的游击队成立，继续开展游击斗争。

1928 年 3 月 8 日凌晨，平和长乐乡数千农民在中共平和县委书记朱积垒等人领导下发起暴动，经过数小时的激战，攻入县城，烧毁县公署，打开监狱。当日中午，敌人组织疯狂反扑。由于敌我力量悬殊，为保存实力，农民军撤出县城，之后在平和、饶平、大埔边区继续开展游击斗争。3 月 15 日，中共福建省委称赞平和暴动“是福建农民自动夺取政权的第一幕，是整个中国革命潮流的一支，是土地革命在福建开始的信号”。

知识链接

要杀便杀，何必多言。共产党人好比韭菜，是越割越长的。

——朱积垒

（这是朱积垒面对敌人威逼利诱时所说的话。朱积垒，福建平和人，1926 年 6 月加入中国共产党，1928 年 3 月领导平和暴动，1929 年 4 月英勇就义。）

6 月 25 日，上杭蛟洋农民在傅柏翠等人领导下，举行武装暴动。后遭到敌人围攻，起义军撤出战斗，100 余人退入山中进行整编，辗转开展游击斗争，队伍逐渐发展壮大起来。

6 月 29 日，罗秋天、张鼎丞、阮山等人开始领导永定农民举行全县大暴动。暴动在湖雷、金丰率先爆发。7 月 1 日凌晨，暴动总指挥张鼎丞率溪南农民三四千人攻打县城。暴动队伍手执土枪、肩扛大炮，从四面八方攻进县城，猛打猛冲一直打到县衙门。但是，由于缺乏战斗经验，农民军没有抓住时机肃清城内残敌，一心只想着营救被捕同志，因而给了敌人喘息的时间。农民军在与敌人巷战数小时后，不得不撤出城外。之后，农民军将敌人层层围在城内，敌人不敢出城，农民军也攻不进去。持续激战，许多群众虽没有吃饭，但士气仍然十分高昂。他们天黑后撤回来，天一亮又主动包围县城。敌我双方就这样相持了 3 天，直到敌人援兵赶来，暴动队伍才撤回。永定暴动是福建历史上规模最大、范围最广、时间最长、影响最深远的一次农民武装暴动。

从上杭赶来的邓子恢建议中共永定县委立即在乡下肃清反革命分子，收缴反革命武装，进行土地革命。中共永定县委从暴动队伍中挑选出 200 余人，在永定金谷寺建立福建省第一支红军队伍——溪南红军营，张鼎丞任营长，邓子恢任党代表。接着，红军营深入各乡村发动群众，开展武装斗争，陆续建立了13个乡级苏维埃政权。1928年8月中旬，溪南区工农兵代表大会在永定金谷寺召开，成立了福建省第一个区级苏维埃政权——溪南区苏维埃政府，颁布了土地法等一系列法令。随后，依靠工农武装割据，以金砂为中心、周边20多个乡连成一片的溪南区农村革命根据地形成了。溪南区苏维埃政权坚持斗争了半年，转入秘密武装斗争。

溪南区苏维埃政权成立后，在缺乏党中央土地纲领和福建省委具体指示的情况下，独立自主探索土地改革。邓子恢、张鼎丞等人深入各乡村，找一些有经验、熟悉土地情况的老农民召开座谈会，了解乡村各阶层土地占有状况，与农民代表共同商议，制定了分田的原则和办法，满足广大贫苦农民对土地的要求。在金砂乡等试点取得经验后，分田工作迅速在全区推广，不到1个月的时间，溪南区约2万人完成了土地分配工作。溪南区创造的分田经验，是福建省探索土地革命的第一次尝试，在全国也属于比较早的，不但充分调动了广大农民的革命积极性，而且为后来其他苏区的土地革命提供了可资借鉴的经验。

研学实践

金谷寺研学实践

金谷寺位于龙岩市永定区金砂乡西田村，始建于南宋景定元年（1260年）。1928年7月，永定暴动后，中共永定县委在此成立了福建省第一支红军队伍。同年8月，溪南区工农兵代表大会在此召开，溪南区苏维埃政府成立。

可参观金谷寺，了解永定暴动的相关史实。

第四节　浴血罗霄

在艰苦卓绝的井冈山斗争岁月里，有这样一位英勇不屈的共产党人。1927年，他作为向导随秋收起义部队上井冈山，曾担任莲花县工农兵政府主席、莲花县委书记。1929年2月，他因叛徒告密被捕入狱。牺牲前，他毫不畏惧地怒斥国民党反动派的罪恶行径，向群众宣传革命必胜的道理。残暴的敌人割掉了他的舌头，他忍着剧痛用脚趾蘸着滴在地上的鲜血，写下了“革命成功万岁”六个鲜红的字……他就是刘仁堪。

刘仁堪是无数井冈山英烈之一。据有关研究资料，井冈山斗争时期，湘赣边界地区牺牲的革命烈士达 4.8 万余人。在井冈山这片红土地上，刘仁堪等一批先烈为了开辟红色政权洒下了热血、献出了宝贵生命。中国共产党在井冈山建立起第一个农村革命根据地，从井冈山走出了一大批开国元勋。井冈山不愧是“中国革命的摇篮”。

刘仁堪铜像

1. 红色政权为什么能够存在

1927 年 9 月 9 日，毛泽东领导发动了秋收起义。但是，由于敌强我弱，起义军遭到了严重挫折，陷入了腹背受敌的危险之中。此时，如果按原计划继续进攻长沙，这支队伍必然全军覆没。在这危急时刻，毛泽东果断决定，改变计划，率领部队向敌人统治力量薄弱的湘赣边界一带挺进。9 月 29 日，起义军经过江西永新县三湾村时，毛泽东开展了著名的三湾改编，使起义军的面貌焕然一新。10 月上旬，毛泽东率起义军到达井冈山北麓的宁冈县，开始创建井冈山革命根据地。

为什么毛泽东选择以宁冈县为中心的罗霄山脉中段作为根据地，创建红色政权呢？

第一，这里有便于开展军事割据的地理环境。

罗霄山脉在湘赣边界交汇处，北起湖北的通城、崇阳、通山，南至广东的南雄、始兴，南北绵延数百千米。罗霄山脉分为北段、中段和南段三个部分。北段临近湖北、湖南两省的政治中心，地势不似中段可进可守；南段地势比北段好，但群众基础不如中段；中段峰峦叠嶂、地势险峻，特别是宁冈附近山脉地势非常险要，易守难攻，据史料记载，该地区不仅“可伏千军万马”，而且物产资源丰富，可以“一年耕而三年食”。这样独特的自然环境为红军开展游击战争、建立工农武装割据和创建红色政权提供了得天独厚的条件。

第二，这里具有较好的群众基础。

在大革命时期，湘赣边界地区有一半以上的农民参加了农民协会，边界各县都建立起共产党领导的农民武装。莲花、茶陵、宁冈、永新、遂川等各县推翻了本县的豪绅政权。其中，莲花、宁冈、永新还建立起县级红色政权。虽然，国民党右派发动反革命政变后，各县党组织和工农武装被摧残殆尽，党组织被迫转入地下，但是一些地方的党组织和革命骨干还是保留了下来，为再次点燃井冈山革命烈火保留了火种。

井冈山一角

特别是，在井冈山还活跃着袁文才、王佐领导的农民自卫军。他们据险扎寨、占山为王，虽然部队成分复杂，绿林习气浓厚，流寇思想严重，但是他们专门劫富济贫，是当地土豪劣绅的死对头，有一定的正义感。当时有不少人主张“火并”，用武力消灭他们。但是毛泽东坚决不同意，提出要团结、改造他们。在毛泽东的争取、团结和教育下，袁文才、王佐主动提出要参加红军，将他们领导的这支农民武装正式编入工农革命军第一军第一师第二团，袁文才任团长、王佐任副团长。在争取袁文才、王佐的同时，秋收起义的这支红军终于在井冈山站稳了脚跟，建立起根据地。

1928 年 10 月至 11 月，毛泽东及时总结了井冈山革命斗争的新鲜经验，先后撰写了《中国的红色政权为什么能够存在？》《井冈山的斗争》等文章，深刻阐述了创建、巩固红色政权的理论，首次提出了“工农武装割据”的重要思想，着重分析了中国红色政权能够发生和存在的原因和条件：第一，在经济文化落后的半殖民地半封建中国，各派新旧军阀之间长期的分裂和战争，使一小块或若干小块共产党领导的红色政权能够在白色政权的包围下发生和坚持下来；第二，有很好的群众基础；第三，全国革命形势向前发展；第四，有相当力量的正式红军的存在，形成长期的和日益发展的割据局面；第五，共产党组织有力量和政策上无错误；第六，有便于作战的地势；第七，有足够给养的经济力。

2. 军民鱼水情深

“军民一家亲”雕塑

人民群众的支持和拥护是井冈山红旗不倒的最深厚基础。党和红军与穷苦百姓鱼水情深的感人事例不胜枚举。1928 年七八月间，红军主力前往湘南作战。途中，红军来到桂阳沙村。由于国民党军队四处烧杀抢掠，当地老百姓纷纷逃走。红军找不到柴火煮饭，一些战士就拿反动派烧杀后残存的烂桌椅、门板当柴烧。军长朱德发现后，立即对战士们进行纪律教育，告诉大家红军爱人民、敌人害人民的道理，不拿群众的一针一线，更不能烧老百姓的桌椅、门板。战士们深受教育，把搜集到的烂桌椅、门板等送回百姓家里，并且赔偿已经烧掉的。当红军战士把几块烂板子送回一个老大娘家里时，老大娘拉着这个战士的手，激动地说：“我家一头 100 多斤的猪，还有鸡鸭，都被国民党反动派杀掉吃了，你们找到几块烂板子不烧还送回来。红军真是我们穷苦人的队伍啊！”消息很快传开了，老百姓又纷纷回到村里，帮助红军解决困难，主动参加红军。

在湘赣边区，党领导贫苦工农打碎旧国家机器，建立起了本质上不同于旧衙门的红色政权。从中国第一个工农兵苏维埃政府——茶陵县工农兵政府诞生起，毛泽东就要求苏维埃政府要代表广大工农兵利益。1927 年 11 月，工农革命军打下茶陵。茶陵县人民委员会虽然建立起来了，但是政府机构工作人员仍然是旧政权的人员，还是按照国民党那一套办事，沿用旧衙门的坐堂审案，靠商会派款派捐，人民群众对此十分不满。毛泽东知道这个情况后，立即指示，要求改变这种做法，召开工农兵代表大会，成立工农兵政府，并分派人员到城郊农村发动群众打土豪和组织赤卫队。之后，遂川、宁冈、永新等县也纷纷建立起工农兵政府，颁布了《井冈山土地法》，开展土地革命，满足广大贫苦农民的土地要求。人民群众把党和红军视作自己的亲人，把苏维埃政权看作自己的生命，倾其所有支援红军，甚至冒着生命危险为红军送粮、送盐……他们与红军同心协力，取得了黄洋界保卫战等胜利，共同打退了国民党反动派的多次“会剿”，将红旗插在井冈山之巅。

茶陵县工农兵政府成立油画

1928 年 4 月下旬，朱德、陈毅率南昌起义余部和湘南起义农军 1 万余人上井冈山，实现了朱毛红军会师，成立了工农革命军第四军（后改称“工农红军第四军”），朱德任军长，毛泽东任党代表，“朱毛红军”就此诞生了。12 月，彭德怀、滕代远等率领平江起义后组成的红五军主力 700 余人到达井冈山，进一步壮大了井冈山革命根据地。井冈山革命根据地对中国革命具有深远的影响，不仅指明了中国革命道路的正确方向，还形成了创建和巩固红色政权的宝贵经验。

知识链接

西江月・井冈山

毛泽东

山下旌旗在望，
山头鼓角相闻。
敌军围困万千重，

我自岿然不动。
早已森严壁垒，
更加众志成城。
黄洋界上炮声隆，
报道敌军宵遁。

第五节　红旗跃过汀江

井冈山革命根据地创建后，国民党反动派组织了多次“会剿”。第一、第二次“会剿”以失败告终。1928 年 12 月，湘赣两省军阀纠集大量兵力，对井冈山发动了更大规模的第三次“会剿”，妄图一举摧毁湘赣边界的革命之火。面对日益严峻的形势，红四军主力决定往赣南出击，用“围魏救赵”的办法解井冈山之围。

1929 年 1 月 14 日，红四军主力在毛泽东、朱德、陈毅的率领下，开始向赣南进军。离开井冈山后，红四军在 1 个月左右的时间里连续行军 1000 多千米，一路上不断遭到敌军的紧追和拦截，始终没有摆脱被敌尾追的被动局面。加上正逢严冬季节，红四军战士既缺乏冬衣御寒，又缺乏沿途群众的支援，转战途中异常艰苦。2 月 9 日，红军抵达瑞金县城北部的大柏地一带。红四军利用大柏地南侧的有利地形，成功伏击尾随而来的敌军，从而扭转了下井冈山以来的被动局面，壮大了红四军的军威。

知识链接

菩萨蛮·大柏地

毛泽东

赤橙黄绿青蓝紫，
谁持彩练当空舞？
雨后复斜阳，
关山阵阵苍。

当年鏖战急，

弹洞前村壁，
装点此关山，
今朝更好看。

（这首词是 1933 年夏天毛泽东经过大柏地时缅怀当年鏖战而写下的。）

1. 红旗插上汀州城

1929 年 3 月 11 日，红四军从瑞金出发，沿武夷山南麓首次入闽，12 日抵达长汀四都。13 日，盘踞在长汀的郭凤鸣部闻讯派兵赶往四都，企图阻击红军，并在长岭寨部署兵力，凭险据守，阻止红军进入长汀。14 日，红四军兵分三路向长岭寨发起总攻，仅用 3 个小时就击溃守敌，歼敌 2000 余人，缴获了步枪、机枪、迫击炮和弹药等一批战利品，并且击毙了敌旅长郭凤鸣。随后，红四军乘胜追击，一枪不放便攻占了长汀城。长岭寨大捷和攻占长汀是红四军下井冈山以来取得的一次重大胜利，不但鼓舞了全军士气，而且极大地振奋了闽西人民，为后来开创闽西革命根据地奠定了基础。

长汀是红四军创建以来解放的最大城镇。红四军进驻长汀后，除了打土豪、发动群众外，还及时解决了当时迫在眉睫的几个重要问题：

一是筹款。在长汀县委张赤男等人协助下，红四军不到 10 天便没收了 10 多家反动豪绅的财产，罚款 2 万余元，并向资本较为雄厚的商人筹借军饷 3 万元，共筹款 5 万余元，红四军的经济状况得到改善，给养得以解决。红四军用其中一些钱赶制了 4000 套军衣。红四军自创建以来第一次有了统一的正规军装。

红军军服

二是整编。为了进一步适应游击战的需要，红四军在长汀休整时进行了整编。汀州整编是红四军离开井冈山以来进行的第一次整编，以纵队为单位分兵游击进一步增强了部队作战的机动性、灵活性。

三是建政。在前委的指导下，红四军召开了工农兵代表大会，正式成立了长汀县革命委员会，发布废除一切苛捐杂税、没收地主豪绅财产、肃清反革命分子等政治纲领。长汀县革命委员会是红四军转战赣南、闽西以来创建的第一个县级红色政权。

2. 擘画革命新蓝图

在长汀县城，有一座古雅别致的老宅——辛耕别墅。辛耕别墅的主人是长汀商会会长卢泽林。1929 年 3 月，红军攻克长汀后，卢泽林因害怕而逃往别处。辛耕别墅成为红四军司令部、政治部的办公地点，毛泽东、朱德、陈毅也居住在这里。1988 年，国务院公布其为第三批全国重点文物保护单位。

古老的辛耕别墅留下了许多动人的红色往事。

在辛耕别墅，毛泽东查阅了《汀州府志》《长汀县志》，初步了解了汀州的历史，并邀请了各阶层人士开调查会。毛泽东虚心向他们求教，很快打消了这些人的顾虑。通过这次调查会，毛泽东全面深入地了解汀州的政治、经济、社会、民俗等各方面的真实状况，准确制定了红四军打土豪、筹军饷、分浮财等具体政策。

长汀辛耕别墅

在辛耕别墅，毛泽东密切关注国内各派军阀，特别是蒋、桂集团矛盾日益尖锐，军阀混战一触即发的形势，主持召开了红四军前委扩大会，正确分析了国内政治形势的变化，闽赣两省的自然条件和政治、军事、经济状况，以及赣南、闽西的党组织、革命武装、群众运动等实际情况，决定在国民党新军阀混战的初期，以赣南、闽西 20 余县为范围，运用游击战术建立工农政权。会后，毛泽东将会议情况写成报告，送中共福建省委转报中共中央。这个决定绘制了创建以赣南、闽西为中心的中央革命根据地的宏伟蓝图，对中国革命具有深远的影响。实践证明，这次会议抓住了革命的有利时机，确定的战略方针是完全正确的，不仅开辟了赣南、闽西革命根据地，还成立了中华苏维埃共和国临时中央政府。

3. 分田分地真忙

红四军在长汀活动了 17 天。其间，蒋、桂集团在九江一带对峙，混战即将爆发。毛泽东趁赣南驻军兵力空虚，于 4 月 1 日率红军挥师瑞金，重返赣南，发动群众打土豪、分田地，发展赤卫队，建立红色政权。

与此同时，邓子恢派人秘密前往赣南寻找红四军前委，汇报蒋、桂军阀混战导致闽西敌人兵力空虚的情报，要求红四军再次入闽。红四军前委了解这个重要情况后，决定重返闽西。5 月 19 日，毛泽东等率领红四军从瑞金出发，直奔长汀濯田。20 日上午，红军抵达汀江渡口——长汀水口，并很快顺利渡过汀江。之后，红四军三克龙岩、出击闽中、攻占“铁上杭”，势如破竹、纵横闽西大地。

土地是广大农民的命根子。在毛泽东的直接指导下，1929 年 7 月 21 日，中共闽西第一次代表大会在上杭蛟洋文昌阁召开。会议总结了永定溪南土地斗争的经验，制定了一个比较符合实际的土地纲领。在短时间内，长汀、连城、上杭、龙岩、永定等地在党的领导下深入开展土地斗争，解决了 50 多个区 500 多个乡的土地问题，约有 60 多万贫苦农民得到了土地，改善了生活。土地革命巩固了新生的红色政权。

中共闽西一大旧址——上杭蛟洋文昌阁

从 1929 年 3 月起，红四军利用军阀混战的有利时机进军闽西，在不到半年的时间内先后消灭了郭凤鸣、陈国辉等当地军阀势力，使原先零散的工农武装割据连成一片，创造了纵横 300 多里的红色区域。一个崭新的革命根据地——闽西革命根据地即将诞生！ 1930 年 3 月 18 日，闽西第一次工农兵代表大会在龙岩开幕，选举产生了以邓子恢为首的闽西苏维埃政府，闽西人民当家作主的红色政权宣告正式成立。

红旗跃过汀江，不仅使红四军赢得了新的转机，更为红色政权的开创打开了一片崭新的天地。

知识链接

清平乐·蒋桂战争

毛泽东

风云突变，
军阀重开战。
洒向人间都是怨，
一枕黄粱再现。

红旗跃过汀江，
直下龙岩上杭。
收拾金瓯一片，
分田分地真忙。

（这首词写于1929年9月红四军攻占上杭、闽西革命根据地开展“分田分地”土地革命之时。）

反攻下汀州龙岩

陈　毅

闽赣路千里，
春花笑吐红。
铁军真是铁，
一鼓下汀龙。

（这首诗是时任红四军政治部主任的陈毅在随军第二次入闽后所写。）

4. 胜利从这里开始

红四军在转战赣南、闽西创建红色政权期间，也在不断探索党和人民的军队建设问题。1929 年 12 月下旬，中国共产党红四军第九次代表大会在福建上杭古田召开。会议通过了毛泽东起草的《中国共产党红军第四军第九次代表大会决议案》，指出红军是一个执行革命政治任务的武装集团，必须绝对服从党的领导，必须全心全意为党的纲领、路线和政策而奋斗；强调要加强红军政治工作，特别是政治教育工作。同时，决议还指出党内各种非无产阶级思想的表现、来源和纠正办法，强调加强党的思想建设的重要性，提出“厉行集中指导下的民主生活”等加强党的组织建设的一系列基本原则。

古田会议初步回答了两个重大问题：一是在党员以农民为主要成分的情况下，如何从加强党的思想建设着手，保持党的无产阶级先锋队性质；二是在农村革命战争环境中，如何把以农民为主要成分的军队，建设成无产阶级领导的新型人民军队。古田会议确立了思想建党、政治建军的根本原则，成为党和人民军队建设史上的里程碑，产生了极其深远的影响。

研学实践

古田会议纪念馆研学实践

古田会议纪念馆位于龙岩市上杭县古田路 76 号，包括古田会议会址、红四军前委机关暨红四军政治部旧址、毛泽东《星星之火，可以燎原》写作旧址等。古田会议在党和人民军队建设史上具有里程碑意义。习近平总书记指出：“党指挥枪是保持人民军队本质和宗旨的根本保障，这是我们党在血与火的斗争中得出的颠扑不破的真理。有了中国共产党，有了中国共产党的坚强领导，人民军队前进就有方向、有力量。”党对军队绝对领导的根本原则和制度，发端于南昌起义，奠基于三湾改编，定型于古田会议，是人民军队完全区别于一

古田会议旧址

切旧军队的政治特质和根本优势。

可参观古田会议纪念馆，围绕古田会议的历史地位和现实意义这个主题展开讨论。

》第六节　没有调查就没有发言权

毛泽东在革命战争年代写过不少重要的著作，但由于战争，一些著作散失了，至今下落不明。其中一篇得意之作在中央苏区反“围剿”战争中遗失了，毛泽东十分惋惜，以至多年后还一直牵挂着，说丢掉这篇文章就像丢掉一个孩子一样，令他时常想念。

这究竟是一篇什么样的文章，能够令毛泽东时常思念，一直牵挂呢？

1. 失而复得的“孩子”

事情还得从新中国成立初期上杭县茶地公社官山大队的一位革命老人赖茂基说起。赖茂基早年参加革命，1929 年 6 月入党，曾担任官山乡苏维埃政府主席等职务。中央红军开始长征后，赖茂基把中共闽西特委于 1930 年 8 月 21 日翻印的《调查工作》石印本等党和苏维埃政府文献用油纸包好，装在一个小木盒里，并在自己卧室的墙壁凿了一个洞，把小木盒藏在洞里，再把洞封好。敌人虽然仔细搜查过赖茂基的家，但这些珍贵文献都没有被发现。

1957 年 2 月，赖茂基老人把自己珍藏 20 多年的《调查工作》等文献捐献给有关部门。1960 年，《调查工作》在中央革命博物馆的展柜展出后，引起相关专家的关注。1961 年，毛泽东的秘书田家英把这篇文章报送给毛泽东。毛泽东非常激动地告诉身边的工作人员，失散多年的“孩子”终于找回来了！1964 年，毛泽东将《调查工作》改名为《反对本本主义》，并第一次公开发表。1991 年，《毛泽东选集》第一至四卷第二版出版时，在保持原有篇目的基础上，增加了《反对本本主义》一篇。

大革命失败后，党和红军内部存在把马克思列宁主义教条化、把苏联十月革命经验神圣化的教条主义倾向。在转战赣南、闽西期间，这种倾向表现得尤为突出。1929 年下半年，毛泽东在闽西针对这种教条主义倾向写下了《反对本本主义》一文。但是，有些问题并没有完全阐述透彻。1930 年 5 月，毛

毛泽东寻乌调查旧址

泽东在江西寻乌调查期间，重新改写这篇文稿，并取名为《调查工作》。这篇文章思想犀利、语言泼辣，提出“没有调查，就没有发言权”“中国革命斗争的胜利要靠中国同志了解中国情况”等一系列深刻的思想，不但初步阐明了实事求是、群众路线和独立自主的根本观点，而且阐明了马克思主义普遍真理与中国实际相结合这一科学真理。

《反对本本主义》不但对探索符合中国国情的革命道路、建立和巩固红色政权具有重要的指导意义，而且对坚持和发展新时代中国特色社会主义仍然具有重要的现实意义。

知识链接

毛泽东关于调查研究的论述选录

没有调查，没有发言权。

调查就像“十月怀胎”，解决问题就像“一朝分娩”。调查就是解决问题。

中国革命斗争的胜利要靠中国同志了解中国情况。

——摘自《反对本本主义》

民主革命阶段，要进行调查研究，社会主义革命和社会主义建设阶段，还是要进行调查研究，一万年还是要进行调查研究工作。

正确的策略只能从实践经验中产生，只能来源于调查研究。

——摘自《在广州中央工作会议上的讲话》

2. 才溪乡调查

在赣南、闽西期间，毛泽东为了更全面、更深入地了解农村阶级、土地占有状况及城市商业，在江西寻乌、兴国、长冈乡和福建上杭才溪乡等地开展了一系列深入的社会调查，为我们树立了理论联系实际、一切从实际出发的光辉榜样。

才溪乡位于上杭县，是中央苏区有名的模范乡。毛泽东分别于1930年6月、1932年6月和1933年11月三次深入才溪乡开展调查活动。特别是1933年11月，毛泽东在中华苏维埃第二次全国代表大会召开前夕第三次来到才溪乡。

列宁堂

这次，毛泽东住在才溪乡苏维埃政府隔壁列宁堂的一间屋子里。屋内只有一张桌子、一把竹椅和一张用门板、两块木板、两条长凳搭起来的床，桌上放着一盏马灯、一个铜墨盒、一支毛笔和一支铅笔。毛泽东办公的地方在列宁堂的上厅，里面摆着两张四方桌和三四条凳子。在这间简陋的平房里，毛泽东以甘当小学生的谦虚态度，邀请区、乡苏维埃干部、工人、贫农等代表召开调查会。毛泽东口问手记，与代表们展开热烈的讨论。也是在这间简陋的平房里，许多老农民、赤卫队员和妇女经常还没等毛泽东放下饭碗就来聊天。他们围坐在油灯边和毛泽东拉家常，常常聊到半夜，列宁堂里不时传出阵阵爽朗的笑声。

毛泽东除了在办公场所召开调查会外，还抽时间开展入户访谈和调查，了解贫苦农民的生产、生活情况，帮助他们解决困难。通过10多天的调查研究，毛泽东全面掌握了才溪乡在扩大红军、政权建设和经济文化建设等各方面的第一手资料，写成《才溪乡调查》。《才溪乡调查》全文将近1万字，全面介绍了才溪乡的基层政权建设、扩红支前、经济生活、文化教育等各方面的情况，系统总结了才溪乡成为中央苏区模范区、模范乡的典型经验，用大量确凿的事实驳斥了“左”倾教条主义的各种错误思想。

在第二次全国工农兵代表大会上，毛泽东把《才溪乡调查》和《长冈乡调查》两篇调查报告一起印发全体与会代表，号召全苏区要向才溪乡、长冈乡学习。毛泽东撰写调查报告非常严谨、认真。在第二次全苏大会召开前夕，他还通知才溪乡等地代表提前几天赶到瑞金，向他们了解情况，再次核实调查材料。

研学实践

才溪乡调查纪念馆研学实践

才溪乡调查纪念馆位于龙岩市上杭县才溪镇，包括才溪乡调查会址、光荣亭、列宁堂等史迹。

才溪乡调查纪念馆

可参观才溪乡调查纪念馆，了解才溪人民革命史，感悟毛泽东深入实际调查研究的工作作风，并谈一谈青少年应当如何传承和弘扬老一辈无产阶级革命家的优良作风。

》第七节　风展红旗如画

在福建长汀中复村的观寿公祠旁，一块刻着“零公里处”的石头似乎在向世人静静地诉说当年的历史……1934 年 9 月 30 日，红军将士们在观寿公祠门前的空地上召开誓师大会。嘹亮的军号吹响，将士们背起沉重的行囊，与当地乡亲依依惜别，开始踏上了漫漫长征路。然而在此前不久，持续七天七夜的松毛岭鏖战才刚结束。这是红军长征前在福建的最后一战，数千名红军战士永远长眠于青山松岭间。

10 月 6 日，驻守宁化的红军收到中央军委密电，奉命向凤凰山集结。12 日，这支红军开始向江西宁都方向开进，迈出了长征的第一步。宁化因此成为红军长征的出发地之一。

从 1934 年 10 月中央红军撤离闽西，至 1949 年 10 月闽西全境解放，闽西人民在党的领导下，经历了艰苦卓绝的游击战争、抗日战争和解放战争。其间，闽西军民克服各种难以想象的困难，始终顽强坚持，让革命火焰燃烧不息，创造了中国革命史上“二十年红旗不倒”的奇迹。

宁化红军长征出发雕塑

1. 闽西红旗二十年不倒

中央红军长征后，国民党先后调集 10 余万兵力对闽西进行残酷“清剿”。1935 年 4 月，闽西南军政委员会在永定西溪赤寨村成立，张鼎丞任主席，统一领导红八团、红九团及各县地方游击队，确立了“开展广泛的、灵活的、群众性的、胜利的游击战争”的基本方针。他们在与中央失去联系的情况下，紧紧依靠人民群众，打破了国民党 10 个正规师的反复“清剿”，不仅让党组织和红军游击队在三年游击战争中保存下来，还不断发展壮大，开辟了大片的游击根据地，保卫了土地革命的果实。

国民党反动派对闽西人民进行了疯狂报复，到处烧杀抢掠。昔日繁荣的苏区霎时间沦为田园荒芜、十室九空、被白色恐怖笼罩的人间地狱。斗争异常残酷，但为什么党和红军在闽西能够始终红旗不倒呢？

在闽西三年游击战争中，张鼎丞十分注意保持党和群众的血肉联系。他多次鼓励大家：“主力红军退出中央苏区，我们要准备独立地坚持长期的斗争，要注意保存革命的有生力量，要保持与群众的血肉联系，只要有群众的支持，革命无论如何是会胜利的。”党组织和游击队处处保护人民群众的利益，人民群众也更加热爱、支持红军，舍生忘死地保护干部和战士。有一次，张鼎丞等同志隐蔽在永定县一个距离山顶 800 多米的山洞里。当时山顶驻扎着一个排的

张鼎丞

敌人。每天早上敌人出操、吹号，声嘶力竭地喊“活捉张鼎丞”。可是他们做梦也想不到，张鼎丞此时就隐蔽在他们的眼皮底下，安然无恙地在山洞里研究敌情、指挥战斗长达 10 多天。赤竹乡苏维埃主席邱顺图和当地群众假装上山干活，不间断地给张鼎丞等同志送饭菜和日用品。儿童团员也机智地在离洞口不远的地方放牛放羊，如果有敌人靠近洞口，即以吆喝牛羊作为信号暗示洞中的同志。

张鼎丞在群众的掩护下安全躲过敌人的多次“搜剿”。有一次，敌人驱赶一大群老百姓来搜山抓捕张鼎丞，而且越来越逼近张鼎丞躲藏的地方。在这千钧一发之际，被驱赶带路的群众发现了张鼎丞和游击队员们留下的可疑踪迹，立即把敌人引向相反方向。

知识链接

我的母亲（节选）

张鼎丞

一九二八年，我们党领导永定人民武装起义后，敌人就施行杀人放火来对付起义的人民了，在非常残酷的环境中，我母亲丝毫不恐慌，而且嘱咐我们说：“你们尽力去打恶人，家里一切事情不要你们挂念。”这种忠言壮语，的确鼓励了我们的勇敢作战。

我母亲在革命中遭受很大的牺牲。一九二八年，革命之后，所有房屋、财产都被反革命焚烧和抢劫干净了，同时我弟炳元为中共永定县委委员和军事部长时被捕枪杀了。在这种惨烈牺牲中，我去见她时，她只是鼓励我：“鼎丞，你弟弟被反革命害死了，你要替他报仇呀！你要努力革命呀！”她慷慨激昂地痛恨着反革命。一九三〇年，我四弟张智由党决定调到外省工作。我母亲很爽快地送他出门，还拿钱和吃的东西给他，鼓励他努力工作。弟弟又在反动统治区域工作中牺牲了。一九三四年主力红军离开江西后，我由苏维埃中央政府，回闽西南领导游击战争。我出发时，母亲送给我许多干粮，她说：“你去打游击战争很好，我把一些干粮给你。”到一九三五年春，我父母在汀州瑞金之间，在“清剿”的战争中遭遇了敌人，我父亲又被敌人打死了，我母亲待敌人散去了，亲自安葬我父亲。此后，我母亲因时局严重找不到组织和同志的关系了，她就自己走了几百里，找到我们游击战争的地方——永定来，一路讨饭吃，住寺观，还抱病日行数十里，走了几十天才找到我们。

一个年老的母亲，在敌人“清剿”的严重环境中，也跟着打游击战争，一九三五至三六年，她帮助交通机关工作，她也常常碰到敌人的包围。不幸在一九三六年夏，她被反革命捉去了。反革命欺她是老太婆，乃企图以威胁和利诱的办法来破坏革命，对我母亲说：“你老人家是被你儿子和共产党牵累的，你去叫共产党人自首，叫你儿子张鼎丞带兵回来投诚就没有问题了，不然就要杀头！”我母亲毫不畏惧，很从容地答复敌人说：“我年老了，不知道共产党。至于鼎丞呢，大家都说他是好人。我年老了，不能管理儿子的事了，我也不能叫他回来。”我母亲这种态度，使得敌人也为之感动。

我母亲在十余年的革命斗争中，经过了无数的危难和牺牲。她在这个革命过程中，不仅不悲观丧气，而且显示慷慨激昂的不屈不挠的精神态度，这完全是一个革命家的气节。

（张鼎丞能够坚定地走上革命道路，离不开他伟大的革命母亲范达春。1941年，张鼎丞在延安发表题为《我的母亲》的文章，表达了对母亲的深深怀念之情。）

闽西南党组织和游击队之所以能够渡过最困难的三年游击战争，并在抗日战争和解放战争中发展壮大起来，离不开人民群众的冒死掩护和帮助。有的革命群众甚至不惜为此献出宝贵的生命。1935年2月的一天，敌人突然包围了永定赤寨村，把全村群众捆绑并吊起来打，还当场枪杀了两名百姓，企图逼问出张鼎丞等同志的下落。当时张鼎丞等人就隐蔽在村子里。但是，群众毫不畏惧地对敌人说：“你们就是把全村人都杀光了，我们也没法找到共产党和红军。”敌人无计可施，只得悻悻离开。

反动派越残暴，越不能割断人民群众对党、对红军、对游击队的热爱和信任。党需要什么，群众就支援什么，要人有人、要粮有粮，几乎家家户户都把自己的子女、兄弟送去参加红军和游击队。正是由于党同人民群众的这种血肉联系，党和人民在闽西坚持斗争20多年，红旗始终不倒。

闽西二十年红旗不倒，是伟大的中国人民进行革命斗争的一个缩影。这段光荣历史，也是新时代建设社会主义现代化国家强大的精神支撑。

研学实践

中央苏区（闽西）历史博物馆研学实践

中央苏区（闽西）历史博物馆位于龙岩市新罗区北环西路51号。馆内藏有丰富的文献史料，生动再现了闽西辉煌厚重的革命历史，特别是毛泽东等老一辈无产阶级革命家在闽西的革命实践。

中央苏区（闽西）历史博物馆

可参观中央苏区（闽西）历史博物馆，并以“红色基因 我们传承”为主题写一篇观后感。

2. 鄂豫皖苏区二十八年红旗不倒的奇迹

鄂豫皖革命根据地以大别山为中心，包括周边20多个县，鼎盛时期面积达到4万多平方千米，人口350万，主力红军4.5万余人，是土地革命战争时期中国共产党开辟的全国第二大根据地。

2019年9月16日，习近平总书记来到位于河南新县的鄂豫皖苏区首府烈士陵园，缅怀革命先烈，参观了鄂豫皖苏区首府革命博物馆。在艰苦卓绝的革命战争年代，大别山区军民浴血奋战，牺牲了近100万人，平均每3—4人中就有1人在革命中壮烈牺牲，真可谓“青山处处埋忠骨”。习近平总书记强调：“革命博物馆、纪念馆、党史馆、烈士陵园等是党和国家红色基因库。要讲好党的故事、革命的故事、根据地的故事、英雄和烈士的故事，加强革命传统教育、爱国主义教育、青少年思想道德教育，把红色基因传承好，确保红色江山永不变色。”

在三年游击战争时期，国民党反动派对大别山区进行了残酷的血洗。但是，大别山区的党组织和红军一直在坚持斗争，牵制了国民党 17 万正规军，不但有力支援了中央红军的长征，而且使鄂豫皖边游击区成为南方八省中面积最大的游击区。在此基础上，这里在抗战中又发展成具有 9 万平方千米土地、1300 万人口的豫鄂边抗日根据地，是中国共产党领导下极为重要的敌后抗日根据地。解放战争爆发后，刘邓大军挺进大别山，建立了以大别山为中心的中原解放区，直逼国民党统治中心——南京和武汉，像一把利刃插进国民党统治区的心脏，为人民解放军转入全国性的战略进攻奠定了基础。

大别山不愧是英雄的山，鄂豫皖苏区是全国唯一“二十八年红旗不倒、二十二年武装斗争不断”的革命老区，可谓红军的故乡、将军的摇篮。

刘邓大军千里挺进大别山纪念浮雕

第二章

中国人民从此站起来了

导 语

建设一个强大的国家，是近代以来无数仁人志士孜孜以求的美好愿望。然而，帝国主义侵略者屡次打破中国人学习西方的迷梦。十月革命一声炮响，给中国人民送来了马克思列宁主义，从此改变了中国的命运。毛泽东说："西方资产阶级的文明，资产阶级的民主主义，资产阶级共和国的方案，在中国人民的心目中，一齐破了产。资产阶级的民主主义让位给工人阶级领导的人民民主主义，资产阶级共和国让位给人民共和国。"中国共产党领导中国人民从创建红色政权开始，以星星之火，终成燎原之势，一个崭新的人民共和国从此屹立于世界的东方。

》第一节 怀疑产生了，增长了，发展了

1911年，腐朽没落的清王朝已处于风雨飘摇之中。当年4月26日，广州，一群革命党人正在秘密策划第二天的起义。尽管他们明知起义可能失败，但仍抱着必死的决心毅然起义，以报国人。其中一位25岁的青年，在起义前夕，已不作生还的打算。虽然他还挂念着远在福州的亲人，但已决定为革命事业捐

黄花岗七十二烈士墓

躯，为使同胞享幸福而牺牲自己。他就是“黄花岗七十二烈士”之一的方声洞烈士。

方声洞

方声洞，1886 年出生于福建福州的一个富商家庭，从青年时代起就痛恨腐败的清政府，萌生了浓厚的爱国主义情怀。1911 年 4 月 27 日，他在黄兴领导下，与喻培伦、林觉民、林尹民、林文等革命党人发动广州起义，攻入广东督署，在与清兵激战时，壮烈牺牲，年仅 25 岁。

黄花岗起义是中国资产阶级革命派为了推翻腐败专制的清王朝、建立资产阶级共和国而发起的一次英勇抗争，也是武昌起义爆发前革命党人策划的最大规模的一次起义。尽管此次起义失败了，但不到半年，另一场更大规模的起义——武昌起义爆发了。

1.“无量金钱无量血，可怜购得假共和”

1840 年鸦片战争爆发后，西方列强靠着船坚炮利打开了古老中国的大门。一向以“天朝上国”自居的封建帝国遭遇了“百年未有之大变局”。殖民主义者的侵略和压迫进一步加深、加重了中国的苦难，曾经辉煌的中华帝国一天天地陷入半殖民地半封建社会的深渊。

通过农民战争建立起来的“太平天国”以及《资政新编》描绘的资产阶级共和国蓝图，不可能在中国真正实现。天国理想随着太平天国的覆灭成为泡影。由地主阶级内部的洋务派兴起的学习西方军事、科技、工业等自强运动，随着甲午战争的惨败而宣告破产。因战败被迫签订丧权辱国的《马关条约》，把近代中国进一步推向亡国的悲惨境地。戊戌维新志士谭嗣同在甲午战争失败后，悲愤地写下：

世间无物抵春愁，
合向苍冥一哭休。
四万万人齐下泪，
天涯何处是神州！

谭嗣同这首《有感一章》无疑深深地触痛了无数中国人的心。“天朝上国”的颜面扫地，“瓜分豆剖”的危机日益逼近。中国人民既对清政府的腐朽无

严复

能感到无比愤慨，又对国家、民族的命运感到无比忧虑。在甲午战争失败这一年，严复在给挚友的信中说到自己“中夜起而大哭”。他连续发表了四篇讨论时局的论文，轰动一时。在第一篇《论世变之亟》中，严复毫无忌讳地坦言：“观今日之世变，盖自秦以来未有若斯之亟也。”而在最后一篇《救亡决论》中，他第一次旗帜鲜明地发出了“救亡”的呐喊。

研学实践

严复故居研学实践

严复故居

位于福州三坊七巷郎官巷的严复故居是严复晚年居住的地方。严复（1854—1921），福建福州人，中国近代著名启蒙思想家。他早年留学英国，比较深入系统地学习、翻译了一批西方资产阶级的学术原著，特别是翻译了赫胥黎的《天演论》，将进化论引入中国，阐述了“物竞天择、适者生存”的道理，震撼了中国“天不变，道亦不变”的传统思想。毛泽东曾高度评价严复在中国近代史上的重要地位，称赞他是“代表了在中国共产党出世以前向西方寻找真理的一派人物”之一。习近平总书记在福建工作时专门为严复学术研讨会题词：严谨治学，首倡变革，追求真理，爱国兴邦。这16个字高度评价了严复的爱国情怀和启蒙思想。

可参观严复故居，摘录严复的名言警句，并以大力弘扬严复的爱国兴邦情怀为主题开展一次班会活动。

为挽救民族危亡，资产阶级维新派开展了学习君主立宪制的戊戌变法，但变法却以戊戌六君子血洒北京菜市口而夭折。1900年，八国联军攻陷北京，中华民族带着奇耻大辱和极端深重的民族危机迈入20世纪。中国人民迫切需要一个能够保卫国家主权和民族利益的政府。然而，此刻的清政府对外卑躬屈膝、卖国求荣，对内以暴力手段维护其岌岌可危的专制统治。革命党人陈天华在《猛回头》中，一针见血地指出，清政府已沦为“洋人的朝廷”。

知识链接

戊戌变法前后的爱国诗选

春　愁

丘逢甲

春愁难遣强看山，
往事惊心泪欲潸。
四百万人同一哭，
去年今日割台湾。

虎丘道上

林　旭

愿使江涛荡寇仇，
啾啾故鬼哭荒丘。
新愁旧恨相随续，
举目真看麋鹿游。

狱中题壁

谭嗣同

望门投止思张俭，
忍死须臾待杜根；
我自横刀向天笑，
去留肝胆两昆仑。

人民的失望、不满和愤怒越来越强烈，一场新的风暴即将席卷而来。陈天华在《警世钟》中为革命鼓与呼：“要革命的，这时可以革了，过了这时没有命了！”刚从日本留学归国不满 18 岁的少年邹容发表了脍炙人口的《革命军》，痛快淋漓地赞颂了革命：

巍巍哉！革命也！皇皇哉！革命也！

邹容浮雕

吾于是沿万里长城，登昆仑，游扬子江上下，溯黄河，竖独立之旗，撞自由之钟，呼天吁地，破颡裂喉，以鸣于我同胞前曰：呜呼！我中国今日不可不革命，我中国今日欲脱满洲人之羁缚，不可不革命；我中国欲独立，不可不革命；我中国欲与世界列强并雄，不可不革命；我中国欲长存于二十世纪新世界上，不可不革命；我中国欲为地球上名国、地球上主人翁，不可不革命。革命哉！革命哉！我同胞中，老年、中年、壮年、少年、幼年，无量男女，其有言革命而实行革命者乎？

邹容在《革命军》一书的最后，响亮地提出资产阶级民主共和国理想，高呼："中华共和国万岁！中华共和国四万万同胞的自由万岁！"

以孙中山为代表的中国资产阶级革命派不但宣传鼓动推翻封建专制统治、建立资产阶级共和国的理想，而且筹划发动了两次广州起义等一系列武装起义。1911 年 10 月 10 日，武昌起义拉开了辛亥革命的大幕。顷刻间，革命风暴席卷全国，已完全腐烂和极端孤立的清政府迅速土崩瓦解。武昌起义爆发后，孙中山在南京就任临时大总统，组织中央临时政府，颁布《中华民国临时约法》，并采取了一系列革新措施，包括改用阳历，限期剪去辫发，劝禁妇女缠足，废止"大人""老爷"等称呼，提倡振兴实业、保护私产，推动教育改革，废止小学读经课，对报纸实行言论开放政策，等等。

2. 走社会主义道路

中华民国虽然成立了，但革命果实很快落到北洋军阀袁世凯的手里。不久，袁世凯下令废止《中华民国临时约法》，解散国会，独揽大权。袁世凯死后，中国进入了北洋军阀混战的黑暗时代，资产阶级议会制沦为封建军阀玩弄民主、实施独裁的一块遮羞布。宋教仁被刺、袁世凯称帝、张勋复辟、府院之争……一幕幕丑剧在中国政治舞台上轮番上演，“无量金钱无量血，可怜购得假共和”。资产阶级共和国方案已然破产，可新的出路又在哪里？中国先进的知识分子们再次陷入了彷徨、悲观、消沉，甚至绝望之中。

1917 年，列宁领导的俄国十月革命爆发，震撼了整个世界，同时也给中国指明了一条新的出路。1918 年，北京大学教授李大钊发表了《庶民的胜利》《布尔什维主义的胜利》等文章，向国人指出“试看将来的环球，必是赤旗的世界”。之后，他又发表了《我的马克思主义观》，系统地阐述了他对马克思主义学说的理解。李大钊当之无愧地成为中国第一位马克思主义者。

李大钊

1919 年 1 月，第一次世界大战结束后，战胜国在法国召开了巴黎和会。中国是第一次世界大战的参战国，也是战胜国之一。本来，中国人民寄希望于巴黎和会主持公道，把战败国德国在山东攫取的权益归还中国，以洗刷鸦片战争以来的民族耻辱。但是，结果却出乎人们的意料，巴黎和会断然拒绝了中国人民的合理要求，竟然把德国攫取的权益全部转交给日本。以中国代表团顾问及记者身份在巴黎活动的梁启超获悉中国外交失败后，连忙致电密友、林觉民烈士的堂兄林长民等人。林长民接到梁启超的电报后，立即写成《外交警报敬告国民》一文，并在 5 月 2 日《晨报》上发表，向世人公开了中国外交失败的内幕。这则消息犹如晴天霹雳，对于具有战胜国身份的中国来说，更是奇耻大辱，彻底激怒了中国人民。

林长民

5 月 4 日，中国人民长期郁积的愤怒终于像火山一样迸发，发展成一场以先进青年知识分子为先锋、广大人民群众参加的反帝反封建的伟大爱国革命运动——五四运动。

此后，马克思主义开始在中国广泛传播。李大钊、陈独秀、毛泽东、蔡和

人民英雄纪念碑五四运动纪念浮雕

森、董必武、瞿秋白、吴玉章等中国第一批具有初步共产主义思想的知识分子群体诞生了，而且越来越多的先进知识分子选择了马克思主义。抛弃西方的资产阶级共和国迷梦，走社会主义道路，这绝不是某个人心血来潮的冲动选择，而是历史的必然选择。

1921 年 7 月，中国共产党成立，其纲领明确地把“消灭资本家私有制”“承认无产阶级专政，直到阶级斗争结束”作为奋斗目标。1922 年 7 月召开的中国共产党第二次全国代表大会提出党的奋斗目标是“建立劳农专政的政治，铲除私有财产制度，渐次达到一个共产主义的社会”，又进一步明确提出“打倒军阀”“推翻国际帝国主义的压迫”等反帝反封建的民主革命纲领。中国共产党为中国人民指明了实现国家富强和民族复兴的正确方向，中国革命的面貌从此焕然一新。

》 第二节　世界上最精干的中央政府

中华苏维埃共和国临时中央政府大礼堂旧址

这幢风格独特的建筑是中华苏维埃共和国临时中央政府大礼堂旧址。1931 年 11 月 7 日，中华苏维埃共和国临时中央政府在江西瑞金叶坪村正式成立。1933 年春，临时中央政府从叶坪迁到沙洲坝。为了召开第二次全国苏维埃代表大会，临时中央政府决定建造大礼堂。大礼堂共占地约 1500 平方米，门首上方有“中华苏维埃共和国临时中央政府”14 个红色浮雕大字。

中华苏维埃共和国临时中央政府大礼堂旧址见证了当年中华苏维埃共和国的流金岁月和中国共产党在中央苏区治国理政的感人故事。

1. 新中国的“雏形”

中国共产党成立之后立即投入到为民族振兴而奋斗的洪流之中。特别是在轰轰烈烈的大革命失败后，中国共产党开始转入农村领导土地革命、创建红色政权的革命斗争，先后创建了著名的井冈山革命根据地和赣南、闽西革命根据地等苏区。

红军第三次反“围剿”胜利后，赣南、闽西革命根据地连成一片，为统一领导和管理苏区创造了客观条件。经过一年半的筹备，1931 年 11 月 7 日至 20 日，中华苏维埃第一次全国代表大会在江西瑞金叶坪村隆重召开。会议决定成立苏维埃政府中央执行委员会，作为全国代表大会闭幕后的最高政权机关。会议选举毛泽东等 63 人为中央执行委员，通过了《中华苏维埃共和国宪法大纲》《中华苏维埃共和国土地法》等重要法律。会后，瑞金改名为“瑞京”，成为中华苏维埃共和国的首都，并作为中华苏维埃共和国临时中央政府的直辖县。

中华苏维埃共和国中央政府旧址

1931 年 11 月 27 日，中华苏维埃共和国中央执行委员会第一次全体会议在叶坪村召开，选举毛泽东为中央执行委员会主席、中央人民委员会主席。中央人民委员会作为中华苏维埃共和国中央执行委员会的行政机关。

中央人民委员会及主要组成部门的办公地点就设在叶坪村谢氏祠堂。祠堂仅 523 平方米，当时用 15 块板隔成 15 个小房间。每个房间仅 10 余平方米，屋内设置简陋，仅配备 1 部手摇电话、1 张桌子和几条板凳。除了教育部、政治保卫局外，中央政府组成部门中的 8 个部都在这里办公，每个部包括部长在内仅有几名工作人员。毛泽东曾说，我们的中央政府，恐怕是世界上最精干的。

虽然工作环境简陋、人员少、待遇低，但是政府工作人员坚持全心全意为人民服务，艰苦奋斗，办事工作效率高。领导不搞特殊化，他们常常头戴斗笠、脚穿草鞋，身背铺盖，自带干粮，深入基层指导工作、服务群众。当时的一首歌谣——“苏区干部好作风，自带干粮去办公；日着草鞋干革命，夜走山路打灯笼”，生动再现了苏区干部密切联系群众的优良作风。

中华苏维埃共和国的管辖范围除了中央苏区外，还包括湘赣、湘鄂赣、闽浙赣、鄂豫皖、川陕、湘鄂西、湘鄂川黔、琼崖、右江、闽东、西北、鄂豫陕等 10 多块苏区，面积共 40 余万平方千米，人口约 3000 万。

中华苏维埃共和国，虽然只是一个国家的雏形，只初步开展各项建设事业，但这些实践探索为中国共产党领导和治理国家积累了宝贵的经验，培养了一批管理人才，为新中国的创立和建设奠定了重要基础。

2. 中央苏区的“红色小上海”

江西瑞金是中华苏维埃共和国的政治中心，与瑞金相邻的福建长汀则是中央苏区乃至中华苏维埃共和国的经济中心，被誉为“红色小上海”。

上海是近代以来中国重要的经济中心，而长汀远在闽西，为什么在当时被誉为中华苏维埃共和国的“红色小上海”呢？原来，长汀，古称汀州，虽地处闽西山区，但汀江流经这里，成为长汀对外经济交流的重要航道，所以历史上长汀经济比较发达。1929 年 3 月 14 日，毛泽东、朱德等率红四军首次入闽，占领的第一个县城就是长汀，从而拉开了开创赣南、闽西革命根据地的序幕。当时，长汀也是福建省苏维埃政府所在地。独特的地理条件和人文环境造就了长汀在中华苏维埃共和国的中心城市地位。

长汀是中华苏维埃共和国国有工业骨干企业的所在地。1929 年，红军被服厂在长汀成立。1930 年，中央苏区第一个织布厂在长汀成立。此外，红军斗笠厂、四都兵工厂、汀州弹棉厂、濯田炼铁厂、熬盐厂、樟脑厂、石灰厂、印刷厂、造纸厂、造船厂等企业也相继在长汀成立。长汀的工业、手工业约占中华苏维埃共和国工业总量和总生产规模的一半。

长汀是中华苏维埃共和国的商业中心。由于水陆交通便捷，长汀的商业和对外贸易比较繁荣。当时在长汀的重要官方商业机构有汀州市粮食调剂局、中华纸业公司、中华贸易公司以及红色旅馆、红色饭店等。长汀的私营商业也非常活跃。长汀也是中华苏维埃共和国主要的农副产品集散地。此外，由于地处中华苏维埃共和国和闽西各县陆路交通运输网的中心枢纽，又拥有汀江水运的独特优势，长汀还是“赤白贸易”的对外窗口和货物集散地。

长汀还具有雄厚的财政金融基础。1930 年 11 月，闽西工农银行在龙岩成立并正式营业。闽西工农银行是中国共产党建立最早、制度最完善、存在时间最长的股份制银行。1931 年 9 月，闽西工农银行随闽西苏维埃政府迁至长汀，在当时最繁华的水东街专设营业部，办理进出口贸易业务。闽西工农银行承担调剂金融、保存现金、发展社会经济、实行低利借贷等业务，为稳定和发展中华苏维埃共和国财政经济发挥了非常重要的作用。1932 年 3 月，中华苏维埃国家银行福建省分行在长汀水东街成立，与闽西工农银行共同为打破敌人经济封锁、繁荣苏区经济服务。

长汀还是人民健康事业的初创地。中央苏区最大的医院——福音医院就在长汀。它不仅为红军医治伤病员，还为预防“天花”等流行病，给红军和当地群众接种牛痘，宣传卫生防疫知识，提供健康服务。1932 年 10 月至 1933 年 2 月，毛泽东在长汀福音医院休养所一边休养，一边深入基层调查研究，并起草了《关心群众生活，注意工作方法》这篇文章，强调要关心群众的健康、卫生等生活问题。为了更好地给群众治病，指导卫生工作，福音医院在长汀创办了中国工农红军看护学校，培养了一批医护人才。福音医院院长傅连暲兼任校长。在长汀，除了傅连暲外，还走出了涂通今、叶青山等一批党的优秀医务人才。他们成为人民军队和新中国医疗卫生事业的重要创始人。

长汀福音医院

研学实践

长汀革命旧址研学实践

长汀是著名的中央苏区县，有丰富的革命遗址。长汀革命旧址位于龙岩市长汀县，主要包括福建省苏维埃政府旧址——汀州试院、红四军司令部政治部旧址——辛耕别墅、福音医院旧址、长汀县革命委员会旧址——云骧阁等革命遗址。

福建省苏维埃政府旧址

可参观长汀革命旧址，搜集长汀革命史资料，并选择其中二至三个精彩的革命故事向同学们讲述。

》第三节 拨开“中国向何处去”的迷雾

1940年1月9日，延安早已天寒地冻，蜿蜒的延河结了厚厚一层冰。然而，此时中国女子大学的大礼堂里却座无虚席。毛泽东身穿一身灰棉布军装，精神焕发，满面红光，正在发表演讲。他提出“我们要建立一个新中国”的思想，深刻、系统地阐述了新民主主义的政治、经济、文化等具体内容。他从下午一直讲到入夜，台下大家聚精会神，屏息静听，被他的精辟见解和生动话语所吸引、所鼓舞，礼堂里不时响起一阵阵热烈的掌声。

毛泽东演讲的内容以《新民主主义的政治与新民主主义的文化》为题，后来发表在《中国文化》创刊号上；经过修改，又以《新民主主义论》为题登载在《解放》周刊上。“新民主主义”这面大旗自此被高高举起，对中国革命产生了巨大影响。

1. 我们要建立一个新中国

1931年日本侵略者发动九一八事变，中华民族开始了长达14年的艰苦抗战。1937 年日本又发动七七事变，企图灭亡中国，抗日战争全面爆发。中国共产党积极推动，建立起以国共合作为基础的抗日民族统一战线，全民族抗战的局面形成。

中国共产党以民族大义为重，从一开始就充分动员和依靠广大人民群众，坚持全面抗战路线和持久战的战略总方针。国民党内掌握实权的蒋介石集团尽管承认了中国共产党的合法地位，召开临时全国代表大会通过了《中国国民党抗战建国纲领》，但仍继续坚持国民党一党专政，不敢放手发动群众抗战，只单纯依靠政府和军队，也不愿意实行民主改革，给发展抗日民众运动附加了不少限制。特别是在 1938 年武汉会战结束、抗日战争进入战略相持阶段后，国民党统治集团内的投降、分裂和倒退现象日益严重，有叫嚣"一个主义""一个政党"的，有鼓吹"将马克思主义暂搁一边"的，甚至连蒋介石也公开发表文章鼓吹"以党治国""以党建国""要使抗战胜利之日，即为建国完成之时"，等等。一时间，乌云翻滚、阴霾重重。

"中国向何处去"这个问题，已经摆在每一位关注国家前途命运的人面前，迫切需要中国共产党就"中国将要建设一个什么样的国家"这个重大的时代课题阐明自己的政治主张。

在 1939 年至 1940 年之交，毛泽东发表了《〈共产党人〉发刊词》《中国革命和中国共产党》《新民主主义论》等重要著作，系统阐明了新民主主义理论，科学回答了中国现阶段民主革命和未来建设新中国的一系列根本性问题。

《新民主主义论》深刻揭示了中国革命的历史进程必须分两步走：第一步是进行新民主主义革命，第二步才是进行社会主义革命。这两步必须相互衔接，既不能"毕其功于一役"，也"不容横插一个资产阶级专政的阶段"。

该书还为未来的新民主主义国家描绘了完整的宏伟蓝图：

在政治上，新民主主义共和国既不是资产阶级专政的共和国，也不是无产阶级专政的共和国。新民主主义共和国是以无产阶级领导的一切反帝反封建的人们联合专政的民主共和国，采取人民代表大会制度，实行真正普遍平等的选举，各级代表大会选举各级政府，也就是民主集中制。

在经济上，大银行、大工业、大商业收归国有，国营经济是整个国民经济的领导力量；不没收其他资本主义的私有财产，不禁止"不能操纵国民生计"

的资本主义生产的发展；没收地主的土地，实行“耕者有其田”，容许富农经济的存在。

在文化上，新民主主义文化是无产阶级领导的人民大众的反帝反封建的文化，也就是民主的科学的大众的文化。

毛泽东对新民主主义的政治、经济、文化等基本特征和具体内容的阐释，不但为中国人民清晰地勾勒出中国共产党所要努力建立的新中国轮廓，而且使全党在复杂的斗争环境中能够始终清醒地把握住中国革命的基本方向。

2. 中国的希望在延安

全面抗战开始后，中国共产党提出抗日救国十大纲领，坚持全面抗战路线，放手发动群众，促进抗日民族统一战线的形成；坚持开展抗日游击战，开辟敌后战场，建立和巩固敌后抗日根据地，成为抗日战争的中流砥柱。在抗日战争进入相持阶段后，敌后抗日根据地及其抗日军民成为坚持抗战的中坚力量。

在抗日战争中，中国共产党在敌后坚持开展艰苦卓绝的抗日游击战争，创建了 19 个抗日根据地。其中，延安成为革命圣地，陕甘宁边区成为抗日根据地建设的典范，下辖有 23 个县，人口约 150 万。1941 年 5 月，经中共中央批准颁布的《陕甘宁边区施政纲领》全面体现了中国共产党团结抗战的基本路线和根据地建设的基本方针。陕甘宁边区等各抗日根据地在性质上是抗日民主政权，在政治上，普遍采取民主集中制，充分保障人民的民主自由权利。根据地各级政府工作人员发扬密切联系群众的优良作风，全心全意为人民服务；在经济上，实行地主减租减息、农民交租交息的政策，大力发展农业生产；在文化上，大力发展抗日革命文化运动。

知识链接

出太行

朱　德

群峰壁立太行头，
天险黄河一望收。

两岸烽烟红似火，
此行当可慰同仇。

中国共产党人创造了伟大的延安精神，即实事求是、理论联系实际的精神，全心全意为人民服务的精神和自力更生、艰苦奋斗的精神。延安精神的本质是解放思想、实事求是。延安精神集中体现了中国共产党的初心和使命，是中国共产党和中华民族宝贵的精神财富。

陕甘宁边区等各抗日根据地与国民党统治区形成了鲜明的对照。当年广泛流行的“重庆有官皆墨吏，延安无土不黄金”的说法，生动反映了根据地和国统区的天壤之别。抗战期间，著名华侨领袖陈嘉庚在分别赴重庆和延安考察后，曾表示：“中国的希望在延安。”美国驻华使馆外交官戴维斯、谢伟思在给美国国务院的报告中也毫不避讳地说，共产党的政府和军队“真正是属于人民的”，甚至预言“共产党在短短的几年中将成为中国唯一的主导力量”。

革命圣地延安

研学实践

陈嘉庚故居研学实践

陈嘉庚故居位于厦门市集美区嘉庚路149号。陈嘉庚（1874—1961），著名爱国华侨领袖。故居归来堂前伫立着陈嘉庚先生的铜像，铜像后的石屏上镌刻着毛泽东的题词“华侨旗帜，民族光辉”。故居两侧建有陈嘉庚生平事迹陈列馆。2014年10月，在陈嘉庚先生140周年诞辰之际，习近平总书记给厦门市集美校友总会回信，高度评价陈嘉

陈嘉庚故居

庚先生是“侨界的一代领袖和楷模”，“希望广大华侨华人弘扬‘嘉庚精神’，深怀爱国之情，坚守报国之志，同祖国人民一道不懈奋斗，共圆民族复兴之梦”。

可参观陈嘉庚故居，了解陈嘉庚先生爱国爱乡、兴学育才的光辉事迹，领会嘉庚精神的深刻内涵。

第四节　愚公移山

1945 年 6 月 11 日，延安杨家岭简陋的中央大礼堂里座无虚席、气氛热烈，中国共产党第七次全国代表大会闭幕式正在进行。毛泽东在会上发表了《愚公移山》的著名演讲，用中国古代愚公移山这个家喻户晓的寓言故事，勉励全党学习愚公坚韧不拔的精神，“下定决心，不怕牺牲，排除万难，去争取胜利”，发动人民坚持不懈地同帝国主义和封建主义斗争到底，挖掉这两座“大山”。从此，不仅“愚公移山”的新寓意在全国各解放区广泛传播开来，中国共产党第七次全国代表大会提出组建民主联合政府的建国主张也迅速传遍祖国大江南北。

1. 两个中国之命运

1945 年，中国抗日战争进入反攻阶段，十四年艰苦抗战即将迎来胜利的曙光。此时，在中国的政治舞台上正分别召开着两次关乎中国前途和人民命运的大会：在延安召开的中国共产党第七次全国代表大会和在重庆召开的国民党第六次全国代表大会。在抗日战争即将取得胜利的前夕，两条道路和两种前途摆在四亿五千万中国人民的面前：一条是光明的路，另一条是黑暗的路；一种前途是光明的中国，独立、自由、民主、统一、富强的中国，中国人民得到解放的新中国，另一种是黑暗的中国，半殖民地半封建社会的、分裂的、贫弱的中国。

中共七大旧址

2020年9月，习近平总书记在纪念中国人民抗日战争暨世界反法西斯战争胜利75周年座谈会上指出："中国共产党领导开辟的敌后战场和国民党指挥的正面战场协力合作，形成了共同抗击日本侵略者的战略局面。"中国共产党人勇敢地战斗在抗日战场的最前线，涌现出杨靖宇、赵尚志、左权、彭雪枫等殉国将领，以及八路军"狼牙山五壮士"、新四军"刘老庄连"、东北抗联八位女战士等英雄群体。他们为了民族独立和人民解放事业，与全国人民一起用血肉之躯筑起不屈的钢铁长城。

知识链接

悼左权同志

朱　德

名将以身殉国家，
愿拼热血卫吾华。
太行浩气传千古，
留得清漳吐血花。

高捷成

2014年9月，在民政部公布的第一批抗战中为国捐躯的300名抗日英烈和英雄群体名录中，有一位烈士十分特殊。他在一个特殊的战场为国家和人民作出不朽的贡献，他就是中国共产党金融事业的奠基人之一——高捷成。高捷成，1909年9月出生于福建漳州，1932年4月参加中国工农红军，之后在瑞金加入中国共产党。全面抗战爆发后，他随部队赴敌后开辟晋冀鲁豫抗日根据地，负责筹建冀南银行并任总行行长兼政委，与敌人展开金融战。1943年5月，高捷成在遭遇日军包围时，为解救战友、保护机密文件而壮烈牺牲。

知识链接

给叔父的信

…………

我自从"九一八"东北事变、"一·二八"上海抗战之后，悲愤交集，誓不求中华民族之解放，当不为中华民族黄帝子孙之一人！决心从戎，于是仓促离家，一切骨肉亲戚朋友无暇顾及辞别，至今思维尤为怅然！

民国廿一年（即1932年，引者注）三月间离漳，倏忽于今已有六年了。在这六年中东西奔波南北追逐，历尽一切千辛万苦，雪山草地，万里长征，在所不辞！无非为的是挽救国家的危亡！志向所趋，海浪风波在所难阻！不过从来没有备函奉候，音讯毫无，自然未免见怪于诸大人亲族朋友，或以为我这个不肖高家浪荡子弟，弃家离伦，不孝不义了？！我还记起将临走的时候曾留一信给你转交我的父亲云："我要和你们离别了，或者是永远离别了，我不挂念家庭，希望家庭也无须挂念于我！"这是从戎的决心，这是救国抗战为国牺牲坚决的立志！救国才能顾家，国亡家安在？而不是断绝人伦的无条件的弃家而不顾！想或可有以原谅我吧！？至今我的艰苦奋斗聊可作为初步阶段的结束，但是主要的抗战救国正在开始呢，所以才抽出一点工夫写信来拜候你大人。

…………

（本篇节选自高捷成1937年4月10日写给叔父高开国的家书。）

国民党政府坚持单纯依靠政府和军队抗战的片面抗战路线，对内坚持专制独裁，不敢广泛发动人民群众。特别是在抗日战争进入相持阶段后，国民党政府将其重点由抗日逐渐转移到反共反人民上，制定了反动的《限制异党活动办法》，取消了抗战初期人民和各抗日党派争取得到的某些权利，悍然发动了三次大规模的"反共高潮"，造成严重的内战危险。1945年5月5日至21日，在重庆召开的国民党第六次全国代表大会，口头上高喊"民主""统一"，实际上拒绝给予人民民主权利，拒绝放弃一党专政，坚持独裁的反人民的"统一"，拒绝中国共产党提出的建立民主联合政府的建议，污蔑中国共产党"武装割据""破坏抗战""危害国家"，决定召集国民党当局一手包办的所谓国民大会。因而，国民党六大的路线实质上依然是坚持独裁、准备内战的路线，国民党政府所谓"抗战建国"实际上是希望维持抗战前一党专政的独裁局面。

中国共产党第七次全国代表大会提出党的政治路线："放手发动群众，壮大人民力量，在我党的领导下，打败日本侵略者，解放全国人民，建立一个新民主主义的中国。”特别是中共七大把毛泽东思想确立为全党的指导思想并写进党章，实现了马克思列宁主义基本原理同中国具体实际相结合的第一次历史性飞跃，产生了极为深远的影响。

2. 建立民主的联合政府

关于建设一个什么样的国家，国民党政府和中国共产党的主张有着本质区别。全面抗战爆发后，中国人民进行了反抗日本侵略者的艰苦卓绝斗争，在1945年迎来了胜利的曙光。但是，国民党顽固派依然坚持内战、独裁的政策。在广泛民主的基础上召开国民代表大会，成立联合性质的民主政府，将中国建设成一个独立、自由、民主、统一和富强的新国家，成为中国人民的基本要求。毛泽东把中国人民的迫切愿望和要求精辟地概括为一句话，那就是“走团结和民主的路线，打败侵略者，建设新中国”。中国共产党的建国主张得到了各民主党派、各抗日团体及全国抗日军民的拥护。

为了进一步阐明中国共产党关于建立民主联合政府的政治主张，毛泽东在中国共产党第七次全国代表大会上专门作了《论联合政府》的政治报告。毛泽东特别阐述了党的最高纲领和最低纲领及其相互关系。

《论联合政府》

党的最低纲领就是中国共产党在整个资产阶级民主革命阶段所主张的一般纲领，即彻底打败日本侵略者，建立一个新民主主义国家。具体来说，就是在政治上，废止国民党一党专政，建立民主的联合政府，在政权组织上采取民主集中制；取消镇压自由的法令，释放政治犯，承认各民主党派的合法地位，使人民获得抗日、团结和民主的自由；等等。在经济上，实行“耕者有其田”的土地制度；逐步建立重工业和轻工业，使中国从农业国变为工业国；实行国家经营、私人经营和合作社经营的经济成分，要让私人资本主义经济在不能操纵国民生计的范围内获得发展的便利。在文化上，实行民族的、科学的、大众的新民主主义文化。

党的最高纲领是在中国实现社会主义和共产主义。

共产党人对待党的最高纲领和最低纲领的正确态度是，既要胸怀党的最高纲领，又要脚踏实地地为实现党的最低纲领而奋斗。毛泽东强调："如果不为这个目标奋斗，如果看不起这个资产阶级民主革命而对它稍许放松，稍许怠工，稍许表现不忠诚、不热情，不准备付出自己的鲜血和生命，而空谈什么社会主义和共产主义，那就是有意无意地、或多或少地背叛了社会主义和共产主义，就不是一个自觉和忠诚的共产主义者。"

此外，在《论联合政府》的政治报告中，毛泽东还首次精辟地概括了共产党人的三大优良作风："以马克思列宁主义的理论思想武装起来的中国共产党，在中国人民中产生了新的工作作风，这主要就是理论和实践相结合的作风，和人民群众紧密地联系在一起的作风以及自我批评的作风。"中国共产党自创建以来展现的优良作风，充分反映了中国共产党不仅是中国工人阶级的先锋队，同时也是中国人民和中华民族的先锋队。毛泽东在报告的结尾着重指出，中国共产党的革命实践给了中国人民这样一种信心："没有中国共产党的努力，没有中国共产党人做中国人民的中流砥柱，中国的独立和解放是不可能的，中国的工业化和农业现代化也是不可能的。"中国革命取得胜利的事实已经证明毛泽东这个结论是科学的，历史也将继续证明这一伟大结论是经得起历史检验的。

知识链接

闻八路军大捷（节选）

陈　毅

抗日旌旗战局开，
大军东出薄燕台。
南方豪杰风雷动，
团结救亡下山来。

七大开幕

陈　毅

百年积弱叹华夏，

八载干戈仗延安。
试问九州谁作主，
万众瞩目清凉山。

1945年8月，中国人民抗日战争终于取得了完全胜利。饱经战乱的中国人民渴望和平、渴望民主，但是不久，国民党政府拒绝废止一党专政，在美帝国主义的支持下挑起内战，把中国人民重新推入战争的火海。中国人民在中国共产党的领导下，开展了三年解放战争，将革命进行到底，终于推翻了国民党反动政府，开始了谋划和创建新中国的伟大进程。

》第五节　最后一个农村指挥所

西柏坡，位于河北省平山县，坐落于太行山东麓、滹沱河北岸一个向阳的马蹄形山弯里。这里环境幽静、林木葱郁，虽位置偏僻，但交通便利。历史把难得的机遇留给了这个当时只有七八十户人家的小山村。

从1948年5月至1949年3月，毛泽东和中共中央曾在西柏坡指挥了气势磅礴的辽沈战役、淮海战役、平津战役，召开了七届二中全会。毛泽东向全党发出了“两个务必”的号召。西柏坡成为党中央解放全中国的“最后一个农村指挥所”。

西柏坡

1. 气势磅礴的三大战役

1948年秋，人民解放战争的敌我力量对比发生了巨大的变化。人民解放军从战争开始时的127万人发展到280万人，装备有了很大改善。同时，各解放区逐步连成一片，面积达到235.5万平方千米，人口1.68亿，基本上完成了土地改革，这为进一步解放全中国提供了坚实的后方基础。而国民党军队由战争开始时的430万人下降到365万人，其中可用于一线机动作战的兵力仅为

174 万人。国民党反动派虽然还统治着全国 3/4 的地区和 2/3 的人口，但是士气低落、人心不稳，国民党统治区危机四伏。党中央当机立断，及时抓住决战的有利时机，在东北战场展开决战，连续组织了气势磅礴的三大战役——辽沈战役、淮海战役、平津战役。

辽沈战役从 1948 年 9 月至 11 月，历时 52 天，共歼敌 47.2 万人，东北全境获得解放，敌我力量对比发生了根本性变化。

辽沈战役刚结束，人民解放军就发起了淮海战役。从 1948 年 11 月至 1949 年 1 月，历时 66 天，共歼敌 55.5 万人，长江中下游以北的广大地区获得解放，并同华北解放区连成一片，人民解放军直逼国民党政府的首都南京，国民党的反动统治很快土崩瓦解。

平津战役从 1948 年 11 月进行至 1949 年 1 月，历时 64 天，歼灭和改编国民党军队 52 万余人。其中，刘亚楼将军率 34 万大军，仅用 29 个小时就攻克天津，对平津战役的战局起到重要作用。毛泽东在党的七届二中全会的报告中把刘亚楼参与指挥的天津城市攻坚战经验概括为“天津方式”。

研学实践

刘亚楼将军纪念馆研学实践

刘亚楼将军纪念馆位于福建省龙岩市武平县文博园内。刘亚楼（1910—1965），福建武平人，1929 年加入中国共产党，此后参加中国工农红军，经历五次反“围剿”战争、长征，抗日战争爆发后在抗日军政大学工作，后受中

刘亚楼

刘亚楼将军纪念馆

央军委委派赴苏联学习深造，在1941年苏德战争爆发后参加苏联卫国战争。解放战争期间，刘亚楼参与组织辽沈战役和平津战役。新中国成立后，刘亚楼任首任空军司令，为人民空军和国防事业的发展作出重要贡献。1955年，被授予上将军衔。

可参观刘亚楼将军纪念馆，缅怀刘亚楼将军的丰功伟绩和崇高风采。

从1948年9月12日至1949年1月31日，三大战役共历时4个月零19天，共歼敌154万余人。无论是在战争规模还是在战果上，三大战役在中国战争史上都是空前的，在世界战争史上也是罕见的。

“兵民是胜利之本。”这是在抗日战争进入相持阶段时，毛泽东在《论持久战》中的一句名言。中国人民抗日战争的胜利证明了人民战争的磅礴伟力，三大战役大获全胜再次彰显了人民力量的无比雄厚。1947年10月，中共中央公布《中国土地法大纲》，在新解放区开展了轰轰烈烈的土地制度改革，消灭了封建社会的生产关系，使亿万贫苦农民获得了土地。广大翻身农民或如潮水般地参加人民解放军，或源源不断地将粮食、被服等物资送到前线，或踊跃组织运输队、担架队支援前线，为人民解放战争取得最后胜利提供了取之不竭的人力、物力。

支前小车

这辆小车是淮海战役期间人民群众用来为前线解放军运送粮食等物资的推车，它见证了在这场伟大的解放战争中人民群众踊跃支援前线的感人历史。陈毅曾形象地说，淮海战役的胜利，是人民群众用小车推出来的。在淮海战役、辽沈战役、平津战役，以及其他无数大大小小的战斗中，解放军打到哪里，人民就支援到哪里。

2. 为新中国绘制蓝图

1949年3月初的西柏坡，仍然有一丝丝的寒意。此时，原本僻静的小山村开始热闹起来，从各地赶来的中央委员、候补委员们汇聚到这里。3月5日至13日，党的七届二中全会在西柏坡召开。这是在中国革命取得全国性胜利前夕召开的一次极其重要的会议。

3 月 5 日下午，七届二中全会正式开幕。全会规定了在取得全国胜利后，党在政治、经济、外交方面的基本政策，指出中国从农业国转变为工业国、从新民主主义社会转变为社会主义社会的发展方向，明确指出革命胜利后党的任务是“把中国建设成一个伟大的社会主义国家”。

七届二中全会旧址

全会讨论了党的工作重心由乡村转移到城市的问题，指出必须用极大的努力去学会管理城市和建设城市。夺取全国胜利，只是走完了万里长征的第一步，中国革命以后的路更长，工作更伟大、更艰苦。为此，毛泽东提出了“两个务必”的思想，即“务必使同志们继续地保持谦虚、谨慎、不骄、不躁的作风，务必使同志们继续地保持艰苦奋斗的作风”。他告诫全党，在胜利面前要防止滋长骄傲情绪、以功臣自居的情绪、停顿下来不求进步的情绪、贪图享乐不愿再过艰苦生活的情绪，警惕“糖衣炮弹”的攻击。“两个务必”是中国共产党人必须时刻遵循的原则，也是中国共产党在任何时候都能立于不败之地的根本。

在 3 月 13 日会议结束时，毛泽东作总结讲话，具体、生动地阐述了十二条党委会的工作方法。讲话内容后来编入《毛泽东选集》第四卷的《党委会的工作方法》。

七届二中全会是中国共产党在中国革命处于转折关头召开的，对迎接革命在全国的胜利，对新中国的建设，都具有重要意义。

知识链接

毛泽东在中共七届二中全会上的报告名言摘录

夺取全国胜利，这只是万里长征走完了第一步。如果这一步也值得骄傲，那是比较渺小的，更值得骄傲的还在后头。

中国的革命是伟大的，但革命以后的路程更长，工作更伟大，更艰苦。

我们不但善于破坏一个旧世界，我们还将善于建设一个新世界。

》第六节 进京“赶考”的首份答卷

2019年9月12日，习近平总书记在视察北京香山革命纪念地时指出，中共中央在北京香山虽然只有半年时间，但这里是我们党领导解放战争走向全国胜利、新民主主义革命取得伟大胜利的总指挥部，是中国革命重心从农村转向城市的重要标志，在中国共产党历史、中华人民共和国历史上具有非常重要的地位。

香山，位于北京西郊，因山上有巨石形似香炉而得名。这里，松柏参天，环境幽雅，有著名的“双清别墅”等古迹。

香山双清别墅

1949年3月23日，毛泽东同志和中共中央机关离开西柏坡前往北平；25日进驻北京香山，直到9月21日，共181天；这里是当时党中央所在地。在香山，毛泽东、朱德下达向全国进军的命令，发出了激动人心的“打过长江去，解放全中国”的号召；毛泽东发表了重要文章《论人民民主专政》，为建立新中国奠定了理论基础和政策基础；第一届中国人民政治协商会议召开，制定并通过了《中国人民政治协商会议共同纲领》，确立了新中国的国体、政体，以及新中国一系列基本政策，绘制了建设新中国的宏伟蓝图。

中共中央在香山完成了进京“赶考”的首份答卷。香山，因此成为中国共产党历史上、新中国历史上一个非常重要的里程碑。

1. 宜将剩勇追穷寇

随着三大战役的胜利推进，国民党赖以维持其统治的主要军事力量基本上被摧毁，中国人民解放战争即将迎来最后胜利。在这个关键时刻，1948 年 12 月 30 日，毛泽东为新华社撰写了 1949 年新年献词《将革命进行到底》，鲜明地提出“是将革命进行到底呢？还是使革命半途而废呢？”这个问题。毛泽东用家喻户晓的伊索寓言故事《农夫和蛇》，提醒中国人民“敌人是不会自行消灭的”“不会自行退出历史舞台”，因此中国人民必须“用革命的方法，坚决彻底干净全部地消灭一切反动势力”，在全国范围内推翻国民党的反动统治。

1949 年元旦，蒋介石集团发表“求和”声明，玩弄和谈阴谋，企图“划江而治”，计划争取用 3—6 个月的时间，在江南重新编练 200 万新兵，以便卷土重来。为了早日结束战争，实现真正的和平，中国共产党一方面派出以周恩来为首席代表的中国共产党代表团同以张治中为首席代表的国民党政府代表团在北平谈判；另一方面，面对国民党在“和谈”烟幕下集结 70 万兵力、130 余艘舰艇、300 多架飞机，企图凭借长江天险负隅顽抗，党中央要求各有关野战军做好渡江的一切准备。

4 月 20 日，国民党政府拒绝接受《国内和平协定》，彻底暴露了将反革命战争打到底的阴谋。21 日，毛泽东、朱德发布向全国进军的命令。4 月 20 日夜至 21 日，中国人民解放军百万雄师兵分三路强渡长江，彻底摧毁国民党军苦心经营了 3 个半月的长江防线。23 日，南京解放，国民党政权顷刻间土崩瓦解。在这期间，远在香山的毛泽东一直在紧张地工作着，密切关注着渡江作战的形势，终于等来了南京解放这一激动人心的消息。后来，毛泽东挥毫写就《七律 · 人民解放军占领南京》这首气势磅礴的诗篇：

钟山风雨起苍黄，
百万雄师过大江。
虎踞龙盘今胜昔，
天翻地覆慨而慷。

宜将剩勇追穷寇，
不可沽名学霸王。
天若有情天亦老，
人间正道是沧桑。

渡江战役后，解放军于5月27日攻占了中国最大的城市——上海，并继续以秋风扫落叶之势乘胜追击残余敌人。

上海战役临近结束时，毛泽东和中央军委把解放福建提上日程。7月，叶飞率第十兵团冒着酷暑南下入闽，发动了福州战役、漳厦战役，至1950年5月12日解放东山的战斗胜利结束，福建省除金门、马祖等岛屿外，均宣告解放。

研学实践

叶飞故居研学实践

叶飞故居位于南安市金淘镇占石村，现为福建省国防教育基地、省级党史教育基地、福建侨联爱国主义教育基地。叶飞（1914—1999），原名叶启亨，祖籍福建省南安市金淘镇，生于菲律宾，是中国唯一具有双重国籍的开国上将。叶飞幼年回国求学，1932年正式加入中国共产党，是闽东革命根据地和中国工农红军闽东独立师的创立者。全面抗战爆发后，叶飞奉命率闽东红军改编为新四军北上抗日，转战大江南北，立下赫赫战功。解放战争时期，叶飞率部参加了孟良崮等重大战役，并率部解放福建。叶飞故居陈列着叶飞生前的照片，以及生前用过的衣橱、书桌、床铺、小油灯、墨宝，早年穿过的棕蓑衣、

叶飞故居

将军服，背过的藤书包，以及在战争年代用的子弹。

可参观叶飞故居，了解叶飞将军的革命生涯，谈一谈叶飞将军哪些可贵的品质值得我们学习。

2. 一气呵成的名篇

在党的第二十八个诞辰纪念日即将来临时，1949年6月24日，毛泽东写信给胡乔木，部署“写一篇纪念七一的论文”。后来，稿子虽然写成了，但是毛泽东并不满意。于是，他亲自动手，连续24小时不吃不喝，一气呵成，写出了《论人民民主专政》。据毛泽东当年身边的卫士回忆，毛主席写这篇文章时正值夏季，室内没有电风扇，更没有空调，他就让人往地上洒水，把冰块放在一个铜盆里，再把铜盆摆在写字台下。等手写热了，他就把手按在冰凉的大理石写字台面上降降温。这篇为新中国的建立奠定理论基础的文章就是在这样艰苦的条件下完成的。

7月1日，《人民日报》头版全文发表了《论人民民主专政》这篇文章。毛泽东全面总结了中国近百年革命的历史经验，深刻指出“帝国主义的侵略打破了中国人学西方的迷梦”，中国革命胜利以后建立的新国家，不是资产阶级专政的共和国，而是以工人阶级为领导的、以工农联盟为基础的人民民主专政的共和国。关于人民民主专政，毛泽东指出，将对人民内部的民主方面和对反动派的专政方面结合起来，就是人民民主专政。关于新中国的外交方针，毛泽东提出，在平等互利和互相尊重领土主权的基础上和一切国家建立外交关系。此外，毛泽东还强调，革命战争的基本胜利，只不过是万里长征走完了第一步，“严重的经济建设任务摆在我们面前。我们熟悉的东西有些快要闲起来了，我们不熟悉的东西正在强迫我们去做”。他号召全党必须克服困难，不要摆官僚架子，向一切内行的人们学经济工作。

毛泽东关于人民民主专政的理论，创造性地发展了马克思主义国家学说，为建立新中国奠定了理论基石，指明了根本方向。

3. 筹备成立新中国

1949年1月31日，北平和平解放，党中央决定在北平召开新政治协商会议（即中国人民政治协商会议）。

起草、制定《中国人民政治协商会议共同纲领》（以下简称《共同纲领》），是中国人民政治协商会议筹备工作的关键大事。《共同纲领》由中国共产党起草，具体由周恩来负责执笔起草。周恩来用了一周左右的时间起草了《共同纲领（草案）》，其后与各民主党派、人民团体、海外华侨等民主人士进行了反复讨论、协商和修改。

1949 年 9 月 21 日至 30 日，中国人民政治协商会议在北平开幕。会议通过了《共同纲领》《中国人民政治协商会议组织法》，选举了中央人民政府主席、副主席和委员，确定了首都、国歌、国旗，决定在天安门广场建立人民英雄纪念碑。

毛泽东在开幕式上致开幕词，满怀深情地说："诸位代表先生们，我们有一个共同的感觉，这就是我们的工作将写在人类的历史上。它将表明：占人类总数四分之一的中国人从此站立起来了。"

近代以来，中国人民遭受西方列强的百年奴役，尝尽了半殖民地半封建社会的苦难和屈辱。中华人民共和国的成立，标志着一百多年来国家四分五裂的悲惨局面将一去不复返，在旧中国任人欺凌、践踏的劳动人民将翻身成为国家的主人。在听到毛泽东"中国人从此站立起来了"这句话时，人们怎能不感到扬眉吐气，怎能不产生深深的共鸣呢？即使是在新时代，"中国人从此站立起来了"仍然久久回荡在中华大地上，成为激励无数中华儿女为实现两个一百年奋斗目标而继续奋斗的精神动力。

70 多年弹指一挥间，但是香山承载着厚重的红色历史值得后人永远铭记。

» 第七节　雄鸡一唱天下白

同志们，听吧！
像春雷爆炸的，
是人民解放军的炮声！
人民解放了，
人民胜利了！
我们——

没有玷污党的荣誉！

我们死而无愧！

……

这首慷慨激昂的就义诗是刘国鋕烈士在牺牲前高声朗诵的。作者刘国鋕正是小说《红岩》中刘思扬的原型。

刘国鋕烈士塑像

刘国鋕出身于四川泸州的名门望族，从小过着优裕的生活。抗战爆发后，他逐渐对共产党产生了热爱和敬仰，于1940年加入中国共产党。1948年4月，他不幸被捕，囚禁于重庆白公馆集中营。在狱中，他经受住敌人的严刑拷打和重重诱惑，始终坚贞不屈。家人利用关系，不惜重金赎他出狱。敌人提出只要刘国鋕在悔过书上签字即可释放他，但他严词拒绝。他大义凛然地说：“只要有组织存在，我死了等于没死；出卖组织，活着又有什么意义！”

1949年11月27日，解放军已进抵重庆郊区，人们在白公馆已经能够清晰地听到隆隆炮声。当日，敌人匆忙将刘国鋕从狱中押往刑场。刘国鋕边走边高声朗诵，从容就义。这首短诗，仅是他走出白公馆前朗诵的一段。

由于与外界信息隔绝，刘国鋕和他的狱友们当时还不知道他们为之奋斗的崭新的人民共和国已经在10月1日诞生！

1. 开国大典

1949年10月1日，这一天将永远镌刻在历史上。

下午2时，毛泽东在中南海主持召开中央人民政府委员会第一次会议。会后，出席中央人民政府委员会第一次会议的全体成员乘车来到天安门，参加中华人民共和国中央人民政府的成立典礼。

雄伟的天安门修葺一新，静静地迎候着中华人民共和国诞生的盛典。天安门广场歌声如潮，红旗似海，首都30万人民群众怀着无比喜悦和激动的心情参加开国大典。

下午3时，中央人民政府秘书长林伯渠宣布典礼开始，乐队高奏国歌《义勇军进行曲》。毛泽东在天安门城楼上庄严宣告："中华人民共和国中央人民政府今天成立了。"顿时，广场上欢声如雷、呼声如潮。毛泽东按下装在城楼上的电钮，在雄壮的国歌声中，第一面五星红旗在天安门广场上徐徐升起。礼炮齐鸣。接着，毛泽东宣读《中华人民共和国中央人民政府公告》，向全世界庄严宣告中华人民共和国中央人民政府为代表中华人民共和国全国人民的唯一合法政府，愿与遵守平等、互利及相互尊重领土主权等项原则的任何外国政府建立外交关系。

天安门广场

知识链接

开国小言

陈 毅

天安门上望，城下人如海。举头红五星，共庆山河改。天安门上望，京阙焕新彩。亿众大革命，流血三十载。

天安门上望，红旗翻作海。万岁涌潮来，军民真主宰。元首耀北辰，元戎雄泰岱。群英共检阅，盛业开万代。

人民庆开国，宇内浸狂欢。幽燕秋花发，从此岁不寒。一九四九年，国际庆伟观。东方红日起，火焰照人寰。

革命久从戎，胜利不自期。盛曲今眼见，此生信不虚。奇景要大作，开国待雅言。拙句何足数，避席让群贤。

随后，新中国第一次阅兵式在天安门广场举行。

紧接着，阅兵式开始。受阅部队以"八一"军旗为前导，海军代表队、步兵、战车、炮兵、骑兵等方队，雄赳赳气昂昂地由东向西依次经过天安门城楼。当人民解放军的飞机编队飞过天安门广场上空时，广场上的人们顿时沸腾起来，挥动着帽子、手帕等，一个劲地欢呼、跳跃。阅兵式共持续了 3 个小时，不仅浓缩了人民军队漫长的战斗历程，也展现了人民军队英勇无敌的精神风貌。

阅兵式结束时，已经黄昏。天安门广场华灯初上，花炮竞响。欢腾的群众开始游行，当队伍经过天安门城楼前时，“中华人民共和国万岁”“毛主席万岁”等口号声此起彼伏。

同一天，全国已解放的各大中城市也举行了隆重的庆祝中央人民政府成立的活动。

中华人民共和国的诞生，具有划时代的深远意义。它宣告中国人民当家作主的时代已经到来。正如习近平总书记在庆祝中华人民共和国成立 70 周年大会上的讲话中指出：“70 年前的今天，毛泽东同志在这里向世界庄严宣告了中华人民共和国的成立，中国人民从此站起来了。这一伟大事件，彻底改变了近代以后 100 多年中国积贫积弱、受人欺凌的悲惨命运，中华民族走上了实现伟大复兴的壮阔道路。”

2. 创业维艰，守成不易

新中国是无数革命志士前仆后继付出流血牺牲的巨大代价才换来的。他们为了给后人创造幸福的生活，为了创建一个崭新的劳动人民当家作主的新中国，不惜牺牲自己的幸福。1927 年 10 月，中国共产党首届中央监察委员会主席王荷波在北京不幸被捕后，始终坚贞不屈。在就义前夕，他把个人生死置之度外，留下唯一的嘱托，请求党组织对他的子女加强革命教育，寄望子女“绝不能走与我相反的道路”。

王荷波雕像

研学实践

潮江楼研学实践

王荷波（1882—1927），福建福州人，1922 年加入中国共产党，是中国工人运动的杰出先驱。1927 年 11 月，由于叛徒出卖，王荷波在北京壮烈牺牲。潮江楼位于福州市马尾区。1926 年 11 月 30 日，王荷波曾在此主持召开著名的“马江会议”，最终促成北伐军顺利进入福建，使福州全城数百万老百姓免遭战火蹂躏。潮江楼内有“品重柱石——王荷波烈士事迹展”，详细介绍了王荷波从一个普通工人成长为一名中国共产党优秀党员、中国革命先驱、中国共产党早期领导人的英雄事迹。

可参观潮江楼，观看王荷波烈士事迹展，感悟王荷波烈士的革命初心和红色家风。

潮江楼展厅

1949 年 3 月 23 日是党中央从西柏坡出发迁住北平的日子。出发时，毛泽东曾意味深长地把进北平比喻为“进京赶考”，并且充满信心地说：“我们决不当李自成。我们都希望考个好成绩。”1644 年，明末闯王李自成率农民起义军浴血奋战 16 年终于攻下北京城，但领导集团没有经受住考验，很快就腐化变质，新政权仅维持了 41 天就失败了。毛泽东经常以李自成功败垂成的深刻教训作为一面历史明镜，警醒和教育全党：创业难，但守业更难。

新中国建立起来了，开国元勋们考虑得更长远：开基创业之后如何守业，如何守住红色政权永不变色？见证开国大典这一伟大时刻的邓小平，在建国日这一天不禁怀念起那些为了建立新中国而牺牲的无数先烈们，挥笔写下：“永远铭记着：在过去长期艰难的岁月里，人民英雄们用了自己的鲜血，才换得了今天的胜利。”老一辈革命家们虽然为革命、为国家创下卓著功勋，但他们仍然严于律己，严格要求家人不要高人一等，不要以革命功臣子弟自居，绝不能“走后门”、搞特殊化。

在中国革命即将取得胜利的前夕，陈云在给一位干部子弟的书信中谆谆告诫他切记“千万不可以革命功臣的子弟自居，切不要在家乡人面前有什么架子或者有越轨违法行动”。

革命成功后，这些共和国的开创者们似乎都当上了高官，亲朋好友、旧识相知们纷纷找上门来，有的请求帮忙安排工作，有的希望给予特殊关照……

1949 年 10 月，“延安五老”之一的谢觉哉被聘任为中央人民政府内务部部长。谢老当上“大官”的消息传到偏僻的家乡后，家里人希望去北京找谢老安排一个好工作。谢老专门写信给远在家乡的儿子，告诉家里人进京是没有便车的，“因为任何人坐车，都要买票”，并且说：“你们会说我这个官是‘焦官’（指不挣钱的官）。是的，‘官’而不‘焦’，天下大乱；‘官’而‘焦’了，转乱为安。”此外，他还多次写信回家乡，要求亲人凡是有劳动能力的都要自食其力，“都不要做社会寄生虫”。

周恩来、邓颖超对亲属的要求也十分严格。周恩来侄女周秉德在其著作中讲述了一个感人至深的故事。1949 年 9 月，侄女周秉德即将去北京师范大学附属中学上学。邓颖超把周秉德叫到身边，语重心长地说：“共产党干部与历朝历代当官的有一个最大的不同，就是全心全意为人民服务，当人民的勤务兵，而绝不允许‘一人得道，鸡犬升天’的封建意识抬头！在成长的道路上，你不要想靠伯伯的任何关系，事事要靠自己的努力！现在你就是一名普通学生，将来到社会上就是普通老百姓，要自食其力。”

这就是老一辈无产阶级革命家可贵的家风家训。共产党人没有任何特权，只有为人民服务的义务，这就是中国共产党崇高的初心和使命。只有不忘初心、牢记使命，才能永葆革命党的本色，才能使红色政权代代相传。

第三章

中国道路在接续探索中开创

导 语

我们走在幸福的大道上……这条大道就是中国特色社会主义道路。中华人民共和国成立后，我们在短短的几年时间里就实现了国民经济的恢复，并实现农业、手工业和资本主义工商业的社会主义改造，建立起社会主义基本制度。然而，社会主义建设的道路并非一帆风顺，我们既取得过辉煌的成就，也走过曲折的岁月。更引以为豪的是，我们开创了中国特色社会主义新时代。无论是成功的经验还是挫折的教训，都是极为宝贵的财富。

》第一节　意气风发迈进社会主义

中国共产党领导的革命包括新民主主义革命和社会主义革命两个阶段。先通过新民主主义革命，建立工人阶级领导的各革命阶级联合专政的新民主主义社会，再过渡到社会主义社会。1949 年，中华人民共和国成立，标志着新民主主义革命阶段的基本结束和社会主义革命阶段的开始，也就是说，中国进入了从新民主主义向社会主义的过渡时期。从 1949 年 10 月至 1952 年底，经过全国人民 3 年多的艰苦奋斗，新生的中华人民共和国“迅速地荡涤反动政府留下来的污泥浊水，治好战争的创伤”，并意气风发地向社会主义过渡。

1. 在艰难中起步

新中国在成立之初面临许多困难和严峻考验：在军事上，解放全中国的任务还没有完成；在经济上，许多工厂倒闭，大批工人失业，通货膨胀，物价飞涨，广大新解放区还没有进行土地改革；在外交上，以美国为首的西方资本主义阵营通过政治孤立、经济封锁、军事包围，妄图搞垮新生的人民共和国。面对国内外复杂的斗争形势，党和人民并没有被吓倒。1950 年 6 月，毛泽东在党的七届三中全会上阐述了“不要四面出击”、争取最大多数同盟者、打击主要敌人的战略方针。在党的坚强领导下，新生的人民共和国有条不紊地医治战争创伤，恢复国民经济，巩固人民政权：

（1）在军事上，人民解放军摧枯拉朽般清剿了国民党残余势力。1951年10月，人民解放军抵达拉萨，西藏和平解放。除台湾及其附属岛屿、香港、澳门外，其余地区均已解放，祖国大陆的统一任务基本完成。面对美国侵略者对朝鲜半岛的武装干涉，中国人民进行了伟大的抗美援朝战争，为新中国赢得了一个相对稳定的和平环境。

（2）在政治上，在摧毁国民党反动统治机器的基础上，建立起从中央到地方的各级政权，普遍召开地方各级各界人民代表会议，人民开始行使当家作主的民主权利；大张旗鼓地镇压反革命运动，巩固新生人民政权；开展“三反”“五反”运动。

（3）在经济上，在新解放区进行土地制度改革，使3亿多无地、少地的农民无偿获得了土地，占中国绝大多数人口的农民群众获得了解放；在城市，没收官僚资本，建立起国营经济；开展稳定物价的斗争和统一全国财政经济的工作，使国民经济在1952年底得到全面恢复和初步发展。

在土地改革运动中，贫苦农民在丈量土地

（4）在社会上，废除封建婚姻制度，扫除卖淫嫖娼、贩毒吸毒、设庄赌博等旧社会痼疾，有力荡涤了旧社会留下的“污泥浊水”。

（5）在文化上，分步骤地对旧学校教育事业和社会文化事业进行除旧布新，对知识分子开展思想改造。

（6）在党的建设上，在全党范围内开展整风、整党运动；坚决处决犯有严重贪污罪行的刘青山、张子善，教育全党。

（7）在外交上，废除旧中国与外国签订的不平等条约；坚持“一边倒”

的基本外交方针，站在社会主义和世界和平民主阵营这一边。

在人民共和国起步的艰难时期，勤劳勇敢的中国人民用短短 3 年的时间就改变了国家的面貌，为之后党领导人民进行有计划的经济建设和系统的社会主义改造奠定了坚实的基础。

2. 社会主义基本制度的全面确立

随着民主革命遗留任务的完成和国民经济的恢复，党和国家开始把实现国家的工业化提上议事日程。

1954 年 2 月，党的七届四中全会通过决议，正式公布了党在过渡时期的总路线："从中华人民共和国成立，到社会主义改造基本完成，这是一个过渡时期。党在这个过渡时期的总路线和总任务，是要在一个相当长的时期内，逐步实现国家的社会主义工业化，并逐步实现国家对农业、对手工业和对资本主义工商业的社会主义改造。这条总路线是照耀我们各项工作的灯塔， 各项工作离开它，就要犯右倾或'左倾'的错误。"

形象地说，过渡时期总路线就像一只展翅高飞的大鸟，社会主义工业化是它的主体，对农业、手工业的社会主义改造及对资本主义工商业的社会主义改造，则为它的两翼。所以，过渡时期总路线的内容简称为"一化三改"或"一体两翼"。

"一化"是指从 1953 年开始实施的发展国民经济第一个五年计划。"一五"计划期间，我国把优先发展重工业作为建设的中心环节，在苏联的援助下着重建设了一大批基础性的重点工程。"一五"计划在 1956 年底提前完成，取得重大建设成就，不但加强和壮大了国营经济的领导力量，而且为顺利向社会主义社会过渡奠定了强大的物质基础。

"两翼"是指把农业、手工业生产资料私有制和资产阶级生产资料私有制改造成社会主义生产资料公有制。在农业社会主义改造中，我们党通过从临时互助组发展到初级农业生产合作社，再发展到高级农业生产合作社的过渡形式，引导广大农民走上互助合作的道路。在手工业社会主义改造中，我们党通过从手工业生产合作小组发展到组织手工业供销生产合作社，再逐步过渡到高级形式的手工业生产合作社。在资本主义工商业社会主义改造中，我们党创造性地通过和平赎买的办法实现全行业公私合营。

研学实践

邓子恢纪念馆研学实践

邓子恢

邓子恢纪念馆位于福建省龙岩市东肖镇后田村后田暴动广场。邓子恢（1896—1972），福建龙岩人，是闽西革命根据地的主要创建者和领导人之一，是党卓越的农民运动和农村工作专家。新中国成立后不久，邓子恢调任中央农村工作部部长、国务院副总理，协助毛泽东领导农村工作。在20世纪50年代的农业合作化运动中，他实事求是地提出要“从小农经济的现状出发”，坚定地执行党中央自愿互利、稳步前进的方针。在纠正人民公社化运动中“左”的偏差时，邓子恢提出建立包产到户的生产责任制等正确主张。历史证明，邓子恢的一系列主张对中国农村体制改革具有重大意义。

可参观邓子恢纪念馆，谈谈邓子恢对中国农村改革的历史贡献。

尽管社会主义改造存在过急、过快等缺点和偏差，但总体上是成功的。1956年我国社会主义改造基本完成，社会主义基本经济制度在我国建立起来了，这标志着中国进入社会主义社会。

在社会主义改造推进的同时，1954年第一届全国人民代表大会召开，制定了《中华人民共和国宪法》。宪法规定，中华人民共和国是工人阶级领导的、以工农联盟为基础的人民民主国家；中华人民共和国的一切权力属于人民，人民行使权力的机关是全国人民代表大会和地方各级人民代表大会。宪法还规定了公民的基本权利和义务。人民代表大会制度作为我国根本政治制度就此确立。

此外，中国共产党领导的多党合作和政治协商制度、民族区域自治制度也确立起来，与人民代表大会制度一起构成我国社会主义基本政治制度，为我国进入社会主义阶段提供了根本政治保障。

》第二节 敢教日月换新天

社会主义基本制度全面确立之后，中国社会主义如何建设、社会主义制度如何巩固和发展，对中国共产党来说是一个全新的课题。以毛泽东为代表的中国共产党人开始了对适合中国国情的社会主义建设道路的艰辛探索，既取得了丰富的理论成果和举世瞩目的成就，也走过了曲折的道路。

1. 良好开局

在社会主义改造基本完成之后，毛泽东明确提出“现在是社会主义革命和建设时期，我们要进行第二次结合，找出在中国怎样建设社会主义的道路”。根据这个指导思想，我国社会主义建设道路的探索取得了良好的开局。

首先，提出调动一切积极因素为社会主义建设事业服务的基本方针。

新中国成立初期，由于复杂的国际、国内环境，我国学习苏联社会主义建设经验是完全必要的。在学习苏联经验的同时，中国共产党和中国人民也积累了一些建设经验。随着 1956 年 2 月苏共二十大的召开，苏联在社会主义建设中存在的问题和缺点逐渐暴露在世人面前，也引起了正在探索中国社会主义建设道路的中国共产党的重视。

从 1955 年底起，党中央开始对经济建设问题进行了一次较长时间的、系统的调查研究。从 1956 年 2 月至 4 月，毛泽东等先后听取了国务院工业、农业、运输业、商业、财政等多个部门的工作汇报。在听取汇报的基础上，毛泽东逐渐形成《论十大关系》的基本思路。

1956 年 4 月至 5 月，毛泽东先后在中央政治局扩大会议和最高国务会议上做了《论十大关系》的讲话。《论十大关系》主要内容相当丰富，涉及经济问题、政治生活问题和思想文化生活中的问题，具体包括：

重工业和轻工业、农业的关系；

沿海工业和内地工业的关系；

经济建设和国防建设的关系；

国家、生产单位和生产者个人的关系；

中央和地方的关系；

汉族和少数民族的关系；

党和非党的关系；

革命和反革命的关系；

是非关系；

中国和外国的关系。

《论十大关系》初步总结了我国社会主义建设的经验，提出一个基本方针，就是把国内外一切积极因素调动起来，为建设社会主义服务。这个基本方针成为 1956 年 9 月召开的中国共产党第八次全国代表大会的指导思想。

知识链接

读经典著作

《论十大关系》是毛泽东探索中国社会主义建设道路的一篇重要理论著作。可利用课外时间组织读书社，研读《论十大关系》。

讨论：《论十大关系》对新时代中国特色社会主义建设的现实意义。

其次，党的八大路线的提出。

1956 年 9 月 15 日至 27 日，中国共产党第八次全国代表大会在北京隆重举行。这是党在全国执政后召开的第一次全国代表大会。毛泽东致开幕词。

知识链接

《中国共产党第八次全国代表大会开幕词》名句摘录

把马克思列宁主义的理论和中国革命的实践密切地联系起来，这是我们党的一贯的思想原则。

虚心使人进步，骄傲使人落后，我们应当永远记住这个真理。

党的八大正确分析了社会主义改造完成后国内主要矛盾的变化，指出：社会主义制度在我国已经基本建立起来；国内主要矛盾已经不再是工人阶级和资产阶级的矛盾，而是人民对于经济文化迅速发展的需要同当前经济文化不能满足人民需要的状况之间的矛盾；全国人民的主要任务是集中力量发展社会生产力，实现国家工业化，逐步满足人民日益增长的物质和文化需要；还有阶级斗争，还要加强人民民主专政，但根本任务已经是在新的生产关系下保护和发展生产力。

在经济建设上，大会坚持既反保守又反冒进，即在综合平衡中稳步前进的经济建设方针，反映了对我国经济发展规律的正确认识。陈云在大会上提出“三个主体、三个补充”的建议，即国家经营和集体经营是主体，一定数量的个体经营为补充；计划生产是主体，一定范围的自由生产为补充；国家市场是主体，一定范围的自由市场为补充。这个建议为大会所采纳，并写入大会决议，是探索中国经济体制改革的重要尝试。

此外，党的八大在国家政治生活方面，强调扩大人民民主、建立健全社会主义法制；在思想文化建设方面，提出“百花齐放、百家争鸣”的指导方针；在执政党建设方面，提出党的建设的基本任务是提高全党的马克思列宁主义水平，坚持理论联系实际、实事求是的原则，把马克思列宁主义的普遍真理同中国革命的具体实践密切结合，反对主观主义、官僚主义和宗派主义；在外交政策方面，坚持和平共处五项原则；等等。

党的八大体现了探索中国社会主义建设道路的初步成果，是一个重要的里程碑，对我国社会主义建设事业产生长远的影响。

再次，提出社会主义社会矛盾学说。

我国社会主义改造基本完成后，不少人对刚刚建立的社会主义制度还不能马上适应，再加上党和政府的一些工作部门存在着主观主义、官僚主义作风，引起一些群众的不满，出现了一些新矛盾。这些矛盾属于什么性质的问题，应当怎么解决这些矛盾，成为一个迫切需要解决的崭新课题。1957 年 2 月，毛泽东在最高国务会议第十一次（扩大）会议上做了《如何处理人民内部的矛盾》的讲话，指出：在社会主义制度下，人民的根本利益是一致的，但还存在着敌我矛盾和人民内部矛盾；必须区分社会主义社会两类不同性质的社会矛盾，把正确处理人民内部矛盾作为国家政治生活的主题。他强调，人民内部矛盾是非对抗性的，处理这类矛盾应该运用“团结—批评—团结”的方针。讲话稿经补充修改后，以《关于正确处理人民内部矛盾的问题》为题公开发表。

《关于正确处理人民内部矛盾的问题》创造性地阐述了关于社会主义社会矛盾的学说，是对科学社会主义理论的重要发展，对中国社会主义事业具有长远的指导意义。1957 年的经济工作，由于党的八大路线得到认真贯彻执行，成为新中国成立以来成果最好的一年，超额完成“一五”计划规定的经济建设任务。我国社会主义的各项事业开始呈现出欣欣向荣的局面，社会生机勃勃，社会主义制度优越性初见曙光。

2. 艰辛探索

联合国总部

在全面大规模的社会主义建设起步之后，我们取得了巨大的成就，其中包括：建立起独立的、比较完整的工业体系和国民经济体系，初步满足了占世界 1/4 人口的基本生活需求，在核技术、人造卫星和运载火箭等尖端科技领域取得一系列重要成就，恢复联合国合法席位，同中国建交的国家从 1955 年的 23 个增加到 1976 年的 111 个，等等。

正是在探索中国自己的社会主义建设道路中，我们积累起在中国这样一个社会生产力水平十分落后的东方大国进行社会主义建设的重要经验：

关于社会主义的发展阶段，提出社会主义可以分为不发达的社会主义和比较发达的社会主义两个阶段，后一阶段可能比前一阶段需要更长的时间；

关于社会主义现代化建设的战略目标和步骤，提出要把中国建设成一个具有现代农业、现代工业、现代国防和现代科学技术的强国；为此，应当采取“两步走”发展战略，第一步建立一个独立的比较完整的工业体系和国民经济体系，第二步全面实现四个现代化，使中国经济走在世界前列；

关于社会主义经济建设，提出实行以农业为基础、以工业为主导的方针，发展社会主义商品经济，利用价值规律，统筹兼顾、适当安排，等等；

关于社会主义民主政治建设，提出把“造成一个又有集中又有民主，又有纪律又有自由，又有统一意志，又有个人心情舒畅、生动活泼，那样一种政治局面”作为努力的目标，把正确处理人民内部矛盾作为国家政治生活的主题，坚持长期共存、互相监督的方针，巩固和扩大爱国统一战线，切实保障人民当家作主的各项权利，等等；

关于社会主义文化建设，提出坚持马克思主义的指导地位，实行“百花齐放、百家争鸣”的方针，对古今中外的优秀文化实行古为今用、洋为中用、百花齐放、推陈出新的方针，强调思想政治工作是经济工作和其他一切工作的生命线，要建设一支宏大的工人阶级知识分子队伍，要向科学进军，独立自主、自力更生，努力赶超世界先进水平，等等；

关于国防和军队建设，提出必须加强国防力量，建设现代化、正规化国防军和发展现代化国防技术，等等；

关于执政党建设，提出警惕帝国主义的“和平演变”，必须切实解决培养无产阶级革命事业接班人问题，防止在共产党党内、在干部队伍中形成特权阶层、贵族阶层，坚决反对党内腐败现象，等等；

关于国际和对外关系，提出“三个世界”划分的战略思想，坚决反对殖民主义、帝国主义和霸权主义，强调中国永远不称霸，等等。

当然，我们还应当看到，历史的发展往往不是又平坦又笔直的道路，探索中国社会主义之路也是如此。我们在探索中也经历了“大跃进”、人民公社化运动等严重失误，甚至发生了“文化大革命”这样全局性、长时间的严重错误，使我们没有取得本应该取得的更大成就。无论是经验还是教训，都是我们党在探索社会主义建设道路中取得的宝贵财富。我们党采取“坚持真理，修正错误”的态度，正如习近平总书记指出：“一个马克思主义政党对自己的错误所抱的态度，是衡量这个党是否真正履行对人民群众所负责任的一个最重要最可靠的尺度。我们党对自己包括领袖人物的失误和错误历来采取郑重的态度，一是敢于承认，二是正确分析，三是坚决纠正，从而使失误和错误连同党的成功经验一起成为宝贵的历史教材。”

前事不忘，后事之师。历史证明，只要正确地总结曲折和失误，它同样能够成为我们推动中国历史前进、开辟中国特色社会主义新路的宝贵精神财富。

》第三节　开启“春天的故事”

1976 年 10 月，“文化大革命”虽然结束了，但是十年内乱导致我国经济濒临崩溃的边缘，国家百废待兴。而世界经济却正在快速发展，科技日新月异。此时的中国面临着向何处去这样一个重大的历史抉择。在这个重大转折关头，中国共产党作出了改革开放的历史性决策，从而开创了中国特色社会主义道路。

1. 真理标准问题大讨论

“文化大革命”结束后，广大干部群众迫切要求纠正“文化大革命”的错误理论和实践。然而，党内长期存在的“左”倾错误在粉碎“四人帮”之后不仅没有得到根本纠正，相反却以“两个凡是”的错误方针延续。面对“两个凡是”的思想束缚，越来越多的人开始感到，要根本纠正“左”的指导思想，必须首先解决思想路线问题。

1978 年 5 月 10 日，中央党校内部刊物《理论动态》发表了一篇重要文章——《实践是检验真理的唯一标准》。5 月 11 日，《光明日报》以特约评论员的名义公开发表这篇文章，新华社向全国转发。

实践是检验真理的唯一标准

本报特约评论员

《实践是检验真理的唯一标准》

这篇文章一经发表，便引起强烈反响，引发了关于真理标准问题的讨论。《实践是检验真理的唯一标准》阐述的问题是马克思主义的常识，但和“两个凡是”尖锐对立，因此也受到一些人的强烈指责，真理标准问题的讨论面临着巨大压力。在这个关键时刻，邓小平等老一辈革命家表明了鲜明的态度。在 1978 年 6 月 2 日举行的全军政治工作会议上，邓小平旗帜鲜明地支持真理标准问题的讨论，强调我们要用完整的、准确的毛泽东思想来武装全党。之后，邓小平在东北三省期间反复强调，现在摆在我们面前的问题，关键还是实事求是，理论与实际相结合，一切从实际出发。在邓小平等老一辈革命家的支持之下，全国围绕真理标准问题展开了一场大讨论。这次大讨论是一场思想解放运动，它冲破了“两个凡是”的束缚，为随后召开的党的十一届三中全会和解放思想、实事求是思想路线的确立奠定了思想基础。

2. 伟大的历史性转折

1978年11月10日至12月15日，长达36天的时间，全体中央委员在北京参加了一个会议，这就是著名的“中央工作会议”。12月13日，邓小平发表了《解放思想，实事求是，团结一致向前看》的重要讲话，高度评价了真理标准讨论的重要意义，强调“解放思想是当前的一个重大政治问题”，指出：“只有解放思想，坚持实事求是，一切从实际出发，理论联系实际，我们的社会主义现代化建设才能顺利进行，我们党的马列主义、毛泽东思想的理论也才能顺利发展。”邓小平还指出：“一个党，一个国家，一个民族，如果一切从本本出发，思想僵化，迷信盛行，那它就不能前进，它的生机就停止了，就要亡党亡国。”

为期36天的中央工作会议为随后召开的党的十一届三中全会定下了基调，为中国改革开放作了重要铺垫。当时，所有参会人员都没走，留在北京稍事休息，等待一个重要历史时刻的到来。1978年12月18日，一个实现党的历史的伟大转折、开启国家新征程的会议——党的十一届三中全会在举国期待中拉开帷幕。全会批判了“两个凡是”的错误，果断停止使用“以阶级斗争为纲”的口号，决定从1979年起，将全党工作重点转移到社会主义现代化建设上来，并且作出了实行改革开放的战略决策；提出要解决好国民经济重大比例严重失调的要求，制定了关于加快农业发展的决定；恢复了党的民主集中制的优良传统，审查和解决了历史上遗留的一批重大问题和一些重要领导人的功过是非；提出健全社会主义民主和加强社会主义法制的任务；等等。

党的十一届三中全会是新中国成立以来党的历史上具有深远意义的伟大转折。全会结束了粉碎“四人帮”后党和国家工作在徘徊中前进的局面，标志着中国共产党重新确立了马克思主义的思想路线、政治路线、组织路线，开始了在思想、政治、组织等领域的全面拨乱反正，开始形成以邓小平为核心的党的中央领导集体，揭开了改革开放的序幕。从这时起，中国共产党人和中国人民踏上建设中国特色社会主义新的伟大征程，以一往无前的进取精神和波澜壮阔的创新实践，开创和发展中国特色社会主义。

为了进一步完成指导思想的拨乱反正，1979年3月，邓小平在理论工作务虚会上发表重要讲话，明确提出了坚持四项基本原则，为改革开放和社会主义现代化建设的顺利推进提供了可靠的政治基础。1981年6月，党的十一届六中全会通过了《关于建国以来党的若干历史问题的决议》，全面总结了新中国成立以来社会主义革命和建设的历史经验，科学评价了毛泽东和毛泽东思想的历史地位，标志着党和国家胜利完成在指导思想上拨乱反正的任务。

知识链接

小岗村的“红手印”

1978年夏秋之际，安徽遭受特大旱灾，粮食歉收，许多人揣着公社开具的要饭证明，背起他们父辈传下来的花鼓，外出逃荒要饭。

为了度过困难时期，安徽省委决定，允许生产队将一部分耕地借给农户耕种，并鼓励农民个人开荒种粮，谁种谁有，国家不征税，不收统购粮。这一政策激发了农民的生产积极性，引发一些农民包产到户、包干到户的自觉行动。

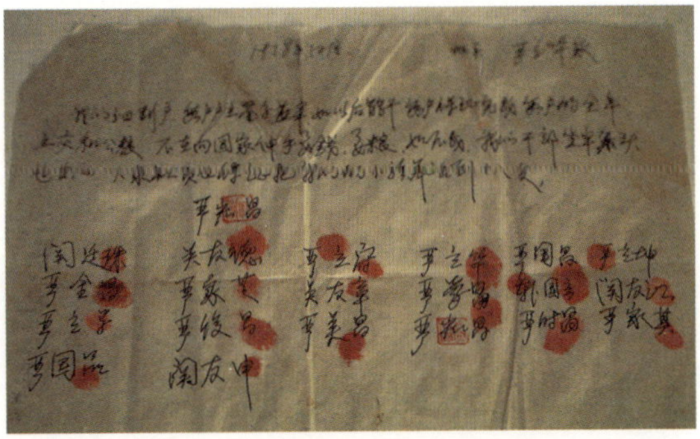

小岗村的“红手印”

凤阳县梨园公社小岗村农民户很少，多年的“大锅饭”让他们穷得叮当响，年年逃荒要饭。1978年11月，村里18户农民秘密开了一个“地下会议”。时任生产队队长的严俊昌回忆说：我们领导班子通过讨论，要想救村民的命，只有分田到户。但是分田到户在政策上不被允许，我们干部可能要挨批斗、坐牢。村民们表示：干部为我们干了事，我们不能不管，我们写个协议书。于是，村民们神色庄重地在一张“契约”上纷纷按下了手印。

家庭联产承包责任制从小岗村农民的自发行动，发展成遍及全国的巨大变革。以农村改革为突破口，全面改革在中国大地展开，一幅充满生机和活力的中国特色社会主义画卷呈现在世人面前。

3. 现在干的是全新的事业

1987年10月13日，邓小平在向国际友人介绍中国特色社会主义建设历史时指出："我们现在干的事业是全新的事业。"这个"全新的事业"实际上是从党的十一届三中全会开创的。经过党的十一届三中全会的伟大历史转折，坚冰已经打破，航路已经开通，道路已经指明，一个新的伟大时代即将开启。正如党的十一届六中全会通过的历史决议所指出："我们党和党所领导的社会主义事业虽然还会遇到这样那样的困难，但总的趋势必然会日益兴旺发达。"

1982年9月1日至11日，中国共产党第十二次全国代表大会在北京召开。邓小平致开幕词，明确提出"建设有中国特色社会主义"的重大命题，指出："把马克思主义的普遍真理同我国的具体实际结合起来，走自己的路，建设有中国特色社会主义，这就是我们总结长期历史经验得出的基本结论。"党的十二大对开创社会主义现代化建设新局面作出全面部署，提出从1981年到20世纪末我国经济建设总的奋斗目标是，在不断提高经济效益的前提下，力争使全国工农业年总产值翻两番，使人民生活达到小康水平；提出要努力建设高度的社会主义精神和高度的社会主义民主的战略方针，等等。

党的十二大之后，家庭联产承包责任制改革进一步稳定和完善，乡镇企业异军突起，农村改革进一步深化；同时，以城市为重点的经济体制改革也不断推进。1984年3月，福建省55位厂长、经理联合向省委书记和省长发出公开信《请给我们"松绑"》，希望给予国有企业必要的人事权、财权和自主经营权。55位厂长、经理要求企业改革、放权的呼吁，一石激起千层浪，《人民日报》及时给予转载报道，引起国家有关部门和领导的高度重视。1984年10月，党的十二届三中全会通过《关于经济体制改革的决定》，初步阐明了经济体制改革的一系列重大理论和实践问题，经济体制改革全面展开。同时，我国对外开放初步形成了从深圳、珠海、汕头、厦门4个经济特区，到大连、秦皇岛、天津、烟台、青岛、连云港、南通、上海、宁波、温州、福州、广州、湛江、北海14个沿海开放城市，再到长江三角洲、珠江三角洲和闽南厦漳泉金三角3个沿海经济开放区的多层次、有重点、点面结合的对外开放格局。

研学实践

厦门经济特区研学实践

厦门经济特区纪念馆

厦门城市风景

厦门经济特区是我国首批设立的4个经济特区之一。1980年10月，国务院正式批复设立厦门经济特区。经过一年多的筹备，厦门经济特区建设在湖里区正式破土动工。1984年2月，邓小平到厦门经济特区视察，并题词鼓舞“把经济特区办得更快些更好些”。习近平总书记在福建工作期间，不仅领导制定了《1985—2000年厦门经济社会发展战略》，而且高瞻远瞩地提出“提升本岛、跨岛发展”的重大战略，为厦门经济特区的长远发展指明了方向。

可考察厦门经济特区纪念馆等地，谈谈新时代青少年应当如何继续发扬敢闯敢试、敢为人先、埋头苦干的特区精神。

1987年10月25日至11月1日，中国共产党第十三次全国代表大会在北京召开。党的十三大系统阐述了社会主义初级阶段理论；明确概括了党在社会主义初级阶段的基本路线；确定了“三步走”发展战略，对中华民族百年图强的宏伟目标作了科学规划；对加快和深化改革开放作出全面部署；等等。按照党的十三大的部署，我国改革开放各项事业在不断总结经验教训中深入推进。

» 第四节　加快改革开放和现代化建设新步伐

1. 东方风来满眼春

20世纪80年代末至90年代初，中国特色社会主义道路的探索面临新的严峻考验。在国际上，一方面，经济全球化浪潮正在掀起，高新科技革命发展迅速，许多国家和地区卷入到产业革命之中，各国正在进行产业和产品结构的调整、重组与升级，亚太地区经济发展势头良好，周边一些国家和地区经济快速发展；另一方面，世界政治多极化趋势明显，苏联解体、东欧剧变，西方国家加紧了对社会主义国家的渗透和颠覆，世界社会主义运动遇到前所未有的困难。在国内，世界社会主义运动的曲折对我国产生了一定的影响，一些干部群众在思想上出现了困惑，“左”和“右”的思想在滋长。

为了明确回答社会主义的前途如何，进一步解放思想、冲破束缚，进一步深化改革、扩大开放，1992 年 1 月 18 日至 2 月 21 日，中国改革开放的总设计师邓小平先后赴武昌、深圳、珠海、上海等地视察，并发表了一系列重要谈话，统称为“南方谈话”。

关于推进改革开放问题，邓小平强调：革命是解放生产力，改革也是解放生产力。他指出，改革开放胆子要大一些，敢于试验，看准了的，就大胆地试，大胆地闯；判断的标准，应该主要看是否有利于发展社会主义社会的生产力，是否有利于增强社会主义国家的综合国力，是否有利于提高人民的生活水平。

关于计划与市场的关系问题，邓小平指出：计划多一点还是市场多一点，不是社会主义与资本主义的本质区别。计划经济不等于社会主义，资本主义也有计划；市场经济不等于资本主义，社会主义也有市场。计划和市场都是经济手段。社会主义的本质，是解放生产力，发展生产力，消灭剥削，消除两极分化，最终达到共同富裕。

关于抓住时机、加快发展问题，邓小平强调：发展才是硬道理。抓住时机，发展自己，关键是发展经济。从我们自己这些年的经验来看，经济发展隔几年上一个台阶，是能够办得到的。对于我们这样的发展中大国来说，经济要发展得快一点，不可能总是那么平平静静、稳稳当当。

关于坚持党的基本路线问题，邓小平强调：解决中国的发展问题，关键是要坚持党的基本路线不动摇。要坚持党的十一届三中全会以来的路线、方针、政策，关键是坚持“一个中心、两个基本点”。不坚持社会主义，不改革开放，不发展经济，不改善人民生活，只能是死路一条。基本路线要管一百年，动摇不得。他指出：在整个改革开放的过程中，必须始终注意坚持四项基本原则。

要坚持两手抓，一手抓改革开放，一手抓打击各种犯罪活动。这两只手都要硬。在整个改革开放过程中都要反对腐败。

关于共产主义理想信念问题，邓小平强调，我们搞社会主义才几十年，还处在初级阶段。巩固和发展社会主义制度，还需要一个很长的历史阶段，需要我们几代人、十几代人，甚至几十代人坚持不懈地努力奋斗，决不能掉以轻心。社会主义经历一个较长过程发展后必然代替资本主义。这是社会历史发展不可逆转的总趋势，但道路是曲折的。一些国家出现严重曲折，社会主义好像被削弱了，但人民经受锻炼，从中吸取教训，将促进社会主义向着更加健康的方向发展。

邓小平南方谈话，准确地分析了国际国内形势，科学地总结了党的十一届三中全会以来中国特色社会主义道路的实践探索和基本经验，从理论上深刻回答了长期困扰和束缚人们思想的许多重大问题，把中国特色社会主义事业推向了新阶段。

研学实践

晋江研学实践

晋江城区

晋江是泉州市下辖的一个县级市。改革开放以来，晋江人发扬敢为天下先、爱拼才会赢的精神，通过大力发展民营经济、品牌经济、实体经济，使晋江从一个“高产穷县”发展成福建经济发展最快、实力最强的县市之一，常年位列全国百强县市前十名。2002年，时任福建省省长的习近平，将其总结提升为“晋江经验”。2019年3月，习近平总书记参加全国人大会议福建代表团审议时强调：“‘晋江经验’现在仍然有指导意义。”

可参观考察晋江市经济社会发展，全面理解“晋江经验”的丰富内涵，进一步深刻认识改革开放是坚持和发展中国特色社会主义的必由之路。

2. 中国特色社会主义的接续探索

党的十三届四中全会后，以江泽民同志为主要代表的中国共产党人，在世界社会主义出现严重曲折的形势下，捍卫和发展了中国特色社会主义，引领中国特色社会主义事业沿着正确航向破浪前进，成功地把中国特色社会主义全面推向 21 世纪。

1992 年 10 月，中国共产党召开了第十四次全国代表大会，作出三项具有深远意义的重大决策：一是抓住机遇、加快发展，集中精力把经济建设搞上去；二是明确我国经济体制改革的目标是建立社会主义市场经济体制；三是确立邓小平建设有中国特色社会主义理论在全党的指导地位。1993 年 11 月，党的十四届三中全会召开，通过了《中共中央关于建立社会主义市场经济体制若干问题的决定》，将党的十四大提出的社会主义市场经济体制改革的目标和基本原则进一步具体化。随后，中国开展了财税体制、金融体制、投资体制等一系列改革，加快了从计划经济体制向社会主义市场经济体制的过渡。

1997 年 9 月 12 日至 18 日，中国共产党第十五次全国代表大会在北京召开。大会的主题是：高举邓小平理论伟大旗帜，把建设有中国特色社会主义事业全面推向 21 世纪。党的十五大确立邓小平理论为党的指导思想，并写入党章；进一步科学分析了社会主义初级阶段的基本国情，提出了党在社会主义初级阶段的基本纲领；对我国社会主义初级阶段的所有制结构和公有制实现形式作出新的阐述；提出依法治国是党领导人民治理国家的基本方略；对如何实现我国经济发展“三步走”战略的第三步目标作出进一步规划，提出新的“三步走”发展战略。

党的十三届四中全会以来，以江泽民同志为主要代表的中国共产党人，深化了对什么是社会主义、怎样建设社会主义和建设什么样的党、怎样建设党的认识，形成了“三个代表”重要思想，成功把中国特色社会主义推向 21 世纪。2002 年 11 月 8 日至 14 日，中国共产党第十六次全国代表大会在北京召开。大会把“三个代表”重要思想同马克思列宁主义、毛泽东思想、邓小平理论一道确立为中国共产党必须长期坚持的指导思想，并写入党章，实现了党的指导思想的又一次与时俱进；指出新世纪头 20 年是我国一个必须紧紧抓住并且可以大有作为的重要战略机遇期；从经济、政治、文化等方面擘画了全面建设小康社会的宏伟蓝图和具体目标；对经济、政治、文化、国防和军队、“一国两制”、外交、党的建设等工作作出战略部署。

党的十六大以后，以胡锦涛同志为主要代表的中国共产党人，团结带领全党全国各族人民，在全面建设小康社会进程中推进实践创新、理论创新和制度创新，深刻认识和回答了新形势下实现什么样的发展、怎样发展等重大问题，形成了科学发展观，成功地在新形势下坚持和发展了中国特色社会主义。

2007 年 10 月 15 日至 21 日，中国共产党第十七次全国代表大会在北京举行。党的十七大的主题是：高举中国特色社会主义伟大旗帜，以邓小平理论和“三个代表”重要思想为指导，深入贯彻落实科学发展观，继续解放思想，坚持改革开放，推动科学发展，促进社会和谐，为夺取全面建设小康社会新胜利而奋斗。党的十七大把科学发展观写入党章，大会对举什么旗、走什么路这一根本问题作出明确回答。大会提出高举中国特色社会主义伟大旗帜、坚持中国特色社会主义道路，并首次对马克思主义中国化第二次飞跃的理论成果——中国特色社会主义理论体系作了概括；全面系统地阐述了科学发展观，并把科学发展观写入党章，作为全党的指导思想；深刻分析了新世纪新阶段我国发展新的阶段性特征，对实现全面建设小康社会的宏伟目标提出更高的要求；提出加强党的建设的总体布局和目标要求。

党的十六大以来，党中央坚持以人为本、全面协调可持续发展，构建社会主义和谐社会，加快推进以改善民生为重点的社会建设，大力推进生态文明建设，形成中国特色社会主义事业总体布局，以执政能力建设和先进性建设为主线推进党的建设，推动建设和谐世界，为中国特色社会主义道路开拓了更为广阔的发展前景。

第五节　走进新时代　启航新征程

党的十八大以来，国内外形势变化和我国各项事业发展都给我们提出了一个重大时代课题，这就是坚持和发展什么样的中国特色社会主义、怎样坚持和发展中国特色社会主义。

1. 迈入新时代

党的十八大以来，国际、国内环境发生了深刻的变化。世界处于百年未有之大变局，世界多极化、经济全球化、社会信息化、文化多元化深入发展，世界面临的不稳定不确定因素日益突出，进入大发展大变革大调整时期。中国处于近代以来最好的发展时期，自新中国成立以来特别是改革开放以来我国取得了举世瞩目的成就，同时也面临着许多前所未有的风险和挑战。如何在新的历史起点上进一步推进实现民族复兴伟大事业，是中国共产党面临的一个时代课题。

面对急剧变化的当今时代、错综复杂的国内外局势以及艰巨繁重的改革发展任务，2012 年 11 月 8 日至 14 日，中国共产党第十八次全国代表大会在北京召开。大会围绕坚持和发展中国特色社会主义，提出社会主义经济建设、政治建设、文化建设、社会建设、生态文明建设“五位一体”总布局；确定全面建成小康社会和全面深化改革开放的目标；强调必须准备进行具有许多新的历史特点的伟大斗争；对加快完善社会主义市场经济体制、坚持走中国特色社会主义政治发展道路、推进社会主义文化强国建设和生态文明建设等各项工作作出全面部署。

党的十八大以来，以习近平同志为核心的党中央把马克思主义基本原理同中国具体实际相结合、同中华优秀传统文化相结合，紧密结合新的时代条件、国内外形势发展和实践要求，坚持统筹推进“五位一体”总体布局、协调推进“四个全面”战略布局，深刻回答了新时代坚持和发展什么样的中国特色社会主义、怎样坚持和发展中国特色社会主义，建设什么样的社会主义现代化强国、怎样建设社会主义现代化强国，建设什么样的长期执政的马克思主义政党，怎样建设长期执政的马克思主义政党等重大时代课题，提出一系列原创性的治国理政新理念新思想新战略，创立了习近平新时代中国特色社会主义思想，推动党和国家事业发生历史性变革、取得历史性成就，推动中国特色社会主义进入新时代。

2. 聚焦新目标，开启新征程

2017 年 10 月 18 日至 24 日，中国共产党第十九次全国代表大会在北京举行。大会的主题是：不忘初心，牢记使命，高举中国特色社会主义伟大旗帜，决胜全面建成小康社会，夺取新时代中国特色社会主义伟大胜利，为实现中华民族伟大复兴的中国梦不懈奋斗。党的十九大提出新时代坚持和发展中国特色社会主义的基本方略，把习近平新时代中国特色社会主义确立为党的指导思想；作出中国特色社会主义进入新时代、我国社会主要矛盾发生新变化的重大政治论断；确定决胜全面建成小康社会、开启全面建设社会主义现代化国家新征程的目标；对新时代推进中国特色社会主义伟大事业和党的建设伟大工程作出全面部署。

2021 年 11 月，党的十九届六中全会通过了《中共中央关于党的百年奋斗重大成就和历史经验的决议》，深刻概括了习近平新时代中国特色社会主义思想的“十个明确”：

明确中国特色社会主义最本质的特征是中国共产党领导，中国特色社会主义制度的最大优势是中国共产党领导，中国共产党是最高政治领导力量，全党必须增强“四个意识”、坚定“四个自信”、做到“两个维护”；

明确坚持和发展中国特色社会主义，总任务是实现社会主义现代化和中华民族伟大复兴，在全面建成小康社会的基础上分两步走，在 21 世纪中叶建成富强、民主、文明、和谐、美丽的社会主义现代化强国，以中国式现代化推进中华民族伟大复兴；

明确新时代我国社会主要矛盾是人民日益增长的美好生活需要和不平衡不充分的发展之间的矛盾，必须坚持以人民为中心的发展思想，发展全过程人民民主，推动人的全面发展、全体人民共同富裕取得更为明显的实质性进展；

明确中国特色社会主义事业总体布局是经济建设、政治建设、文化建设、社会建设、生态文明建设五位一体，战略布局是全面建设社会主义现代化国家、全面深化改革、全面依法治国、全面从严治党四个全面；

明确全面深化改革总目标是完善和发展中国特色社会主义制度、推进国家治理体系和治理能力现代化；

明确全面推进依法治国总目标是建设中国特色社会主义法治体系、建设社会主义法治国家；

明确必须坚持和完善社会主义基本经济制度，使市场在资源配置中起决定性作用，更好发挥政府作用，把握新发展阶段，贯彻创新、协调、绿色、开放、共享的新发展理念，加快构建以国内大循环为主体、国内国际双循环相互促进的新发展格局，推动高质量发展，统筹发展和安全；

明确党在新时代的强军目标是建设一支听党指挥、能打胜仗、作风优良的人民军队，把人民军队建设成为世界一流军队；

明确中国特色大国外交要服务民族复兴、促进人类进步，推动建设新型国际关系，推动构建人类命运共同体；

明确全面从严治党的战略方针，提出新时代党的建设总要求，全面推进党的政治建设、思想建设、组织建设、作风建设、纪律建设，把制度建设贯穿其中，深入推进反腐败斗争，落实管党治党政治责任，以伟大自我革命引领伟大社会革命。

习近平新时代中国特色社会主义思想是当代中国马克思主义、二十一世纪马克思主义，是中华文化和中国精神的时代精华，实现了马克思主义中国化新的飞跃。

党的十八大以来，我们党引领人民在新时代中国特色社会主义道路上披荆斩棘、砥砺前行，创造了“当惊世界殊”的发展成就，书写了人类发展史上的伟大奇迹。

研学实践

习近平新时代中国特色社会主义思想在福建的孕育研学实践

习近平总书记在福建工作近17年半，留下了宝贵的思想财富、精神财富、作风财富和实践成果，福建是习近平新时代中国特色社会主义思想的重要孕育地。

可到厦门、宁德、福州等地考察，并结合开展《习近平在厦门》《习近平在宁德》《习近平在福州》《习近平在福建》等的图书，围绕福建如何推动习近平新时代中国特色社会主义思想在八闽大地落地生根这个主题，做一期黑板报。

第四章

幸福生活都是奋斗出来的

导 语

我们的幸福生活是从哪里来的，对于一代又一代成长在新中国的青少年来说，这是一个值得永远追问的话题。习近平总书记教导我们：“革命胜利从来不是天上掉下来的，不是别人拱手相让的，而是用流血牺牲换来的。”新时代的幸福生活，正是无数革命先烈、几代共和国建设者和改革开放的拓荒者们历尽千辛万苦、一棒接着一棒艰苦奋斗的成果。

第一节 革命先烈抛头颅洒热血才换来了新中国

在中国革命博物馆里，总有许多观众在一张经典照片前久久伫立。照片里，一名成年男子四肢被捆绑在木架上，高昂着头，视死如归地目视前方。这是一位革命志士英勇就义前的真实瞬间，它告诉生活在新时代的人们，什么是铮铮铁骨，什么是英勇就义。

革命烈士凌福顺

这位烈士就是福建闽东红军独立师周墩独立营营长凌福顺。1912 年，凌福顺出生于福建周墩（现为周宁县）端源村，从小就过着极度贫穷的生活。后来，他参加了当地的秘密革命组织，1934 年 7 月又加入了中国共产党。他曾率部在周宁、寿宁、建瓯、福安等地开展游击战争，屡建战功，令当地反动分子胆战心惊。1936 年 4 月，凌福顺在侦察敌情时不幸被捕。敌人以为抓到凌福顺就可以从他口中获取闽东党组织和游击队的秘密，对凌福顺进行了 20 多天的威逼利诱和严刑拷打，但是最终一无所获。1936 年 4 月 25 日，恼羞成怒的敌人用绳索和铁链将凌福顺牢牢地绑在木架上，并用极其残忍的手段折磨他。凌福顺浑身是血，多次昏迷过去，他用尽全身力气高呼："父老乡亲们，死没什么可怕，我凌福顺会绝代，革命永远不会绝代！……"凌福顺壮烈牺牲，年仅 24 岁。

凌福顺虽然牺牲了，但是他留下的铿锵遗言却一直回荡在人们的心中。人民共和国的诞生和今天的幸福生活，正是凌福顺这样一批又一批革命先烈以鲜血和生命为代价换来的。2020 年 10 月，习近平总书记给四川省革命伤残军人休养院全体同志回信时强调："中华民族是英雄辈出的民族，新时代是成就英雄的时代。全党全社会要崇尚英雄、学习英雄、关爱英雄，大力弘扬英雄精神，汇聚实现中华民族伟大复兴的磅礴力量。"

1. 为有牺牲多壮志

1949 年 9 月 30 日下午 6 时，也就是新中国宣告诞生的前夕，毛泽东在中国人民政治协商会议闭会之后，率领出席政协会议的全体代表到天安门广场举行人民英雄纪念碑奠基典礼，以纪念为人民革命而牺牲的人民英雄。毛泽东亲自为人民英雄纪念碑起草了碑文：

人民英雄纪念碑

三年以来，在人民解放战争和人民革命中牺牲的人民英雄们永垂不朽！

三十年以来，在人民解放战争和人民革命中牺牲的人民英雄们永垂不朽！

由此上溯到一千八百四十年，从那时起，为了反对内外敌人、争取民族独立和人民自由幸福，在历次斗争中牺牲的人民英雄们永垂不朽！

究竟有多少革命烈士为了新中国前仆后继献出宝贵的生命？据民政部不完全统计，近代以来我国约有 2000 万名烈士为民族独立、人民解放和国家富强、人民幸福而英勇牺牲。令人遗憾的是，由于战争环境，许多烈士没能够留下姓名。

每位革命先烈都有一个可歌可泣的感人故事。明末清初思想家黄宗羲曾说过"慷慨赴死易，从容就义难"，对于革命先烈来说何尝不是如此。1930 年，党的早期领导人恽代英被捕后，在狱中始终坚贞不屈，他曾对难友说：“对一个革命者来讲，战场固然是考验，而监狱也是一个特殊的战场。一个真正的革命者，在这个特殊战场上，在生死面前，要经受得起严峻的考验。”在敌人暗无天日的牢狱中，革命者不仅要承受肉体上难以想象的摧残，还要面对各种利诱，以及独自承受精神上的痛苦。

信仰和信念是他们最有力量的精神支柱，我们今天重读他们在狱中留下的一首首诗篇、一封封家书，仍然能深深地感受到烈士们当年的凛然正气：参加领导黄麻起义的蔡济黄在狱中写下“明月照秋霜，今朝还故乡。留得头颅在，雄心誓不降”；为准备黄麻起义而被捕的王幼安在牺牲前夕留下就义诗“马列思潮沁脑骸，军阀凶残攫我来。世界工农全秉政，甘心直上断头台”；在故乡福建惠安发动武装暴动的蓝飞鹤在就义时留下绝命诗“横胸铁血扫难开，浩劫摧磨志不灰。满地铜驼荆棘变，游魂应逐战旗来”……

在他们当中，有的刚参加革命就牺牲了，还有的是在黎明的曙光即将到来之际牺牲在敌人的刑场。参加过上海工人第三次武装起义的龙大道烈士在武汉狱中写下的诗句“身在牢房志更强，抛头碎骨气昂扬”，正是革命英烈们精神气概的真实写照。戴家场暴动、沔阳城暴动的领导人刘绍南烈士被捕后，敌人给他笔、纸让他写自白书，他却奋笔疾书，写下令敌人胆寒的《壮烈歌》，并且在受审时和临刑前高声诵读，表达了自己在铡刀下也绝不变节的大无畏革命精神。中共萍乡湘东区委书记邓贞谦早年考入北京师范大学，后来在革命思想的影响下，在 1927 年暑假毅然放弃了读大学的机会，投身革命洪流。1928 年 4 月，邓贞谦不幸被捕。面对敌人的威逼利诱和严刑拷打，他泰然处之，并在狱中的墙壁上挥笔写下“暴动不怕激烈，牺牲要有价值”的壮语。1928 年 6 月 8 日，敌人要把他押往刑场，邓贞谦不肯走路，要求敌人用椅子把他抬往刑场。敌人毫无办法，只好让两个士兵用一张大竹椅子抬着他游遍萍乡城四个城门。虽然邓贞谦当时已遍体鳞伤，但是他仍然气宇轩昂地端坐在竹椅上，时而高呼“共产党万岁！”，时而高唱《国际歌》，最后从容就义，年仅 21 岁。

在血雨腥风的革命战争年代，还有一大批英勇的人民群众为了革命历尽艰辛，他们担任秘密交通联络员，救护伤病员，送医送粮，掩护党的干部，为革命事业作出了不可磨灭的贡献。在福建的闽东革命根据地，畲族人民与革命血肉相连，他们像爱护自己生命一样，爱护苏区和红军。特别是在最艰苦的三年游击战争期间，畲族群众为闽东党组织和闽东红军的生存和发展，付出了巨大的牺牲。闽东革命根据地的开创者叶飞将军对此深有感受，他说：“在闽东三年游击战争最艰苦的年代，畲族人民的作用是很大的。他们具有两大特点：第一，最保守秘密，对党很忠实；第二，最团结。”

习近平总书记在福建宁德担任地委书记时，高度评价了闽东人民对中国革命的重要贡献，满怀深情地指出：“在革命战争年代，革命的火种之所以能在闽东大地传播，革命的力量之所以能在最艰难的岁月里得以保存和壮大，一个重要的原因，就是民族的团结。很多革命老前辈，都是畲族群众用鲜血和生命保护下来的，我们福建的革命老前辈叶飞、曾志、范式人等同志过去打游击的时候，经常是在畲族山村、畲族的老乡家里度过的。畲族群众有坚定的革命性。”

闽东苏维埃政府旧址

研学实践

闽东革命纪念馆、闽东畲族革命纪念馆研学实践

闽东革命纪念馆位于福建省福安市城区。闽东革命根据地是全国八大老革命根据地之一，是中央红军长征后党在南方的一块重要革命根据地。闽东革命纪念馆通过大量革命史料生动全面地介绍了新民主主义革命时期闽东人民英勇战斗的光辉历程。闽东畲族革命纪念馆紧邻闽东革命纪念馆，重点介绍闽东畲族人民在中国共产党领导下走过的极其艰难而壮烈的历程，特别是在最艰苦、最紧要的南方三年游击战争期间所付出的巨大代价。习近平总书记在宁德工作期间发表《闽东之光》一文，指出“闽东是老区，有长期的斗争历程，也是一个闪光点”。

可参观闽东革命纪念馆、闽东畲族革命纪念馆，谈谈在新时代如何把“闽东之光”发扬光大。

在福建老区涌现出一大批英雄人物。据《福建省志·军事志》介绍，在1955—1964年间授衔的开国将帅中，福建籍将军共83人，其中上将3人、中将9人、少将71人。在福建籍的开国将军群体中，有率部击毙日军“名将之花”阿部规秀的杨成武，有空军首帅刘亚楼，有华侨将军叶飞，有“红色华佗”傅连暲……八闽大地不愧是英雄辈出的红色土地。

2. 隐蔽战线谱写英雄赞歌

几年前，一部名为《潜伏》的电视连续剧引起了广大观众的兴趣。该剧描写了1945年初国民党军统总部情报处的余则成弃暗投明，冒着生命危险潜伏在国民党内部，同敌人展开惊心动魄的斗争的故事。

作为一个艺术形象，余则成是中国革命史上无数隐蔽战线无名英雄的缩影。在他们当中，有打入国民党中统局内部担任机要秘书的钱壮飞，有潜伏在国民党高级将领胡宗南司令部担任侍从副官的熊向晖，有周旋于宋美龄等国民党高层的阎宝航，有打掉门牙假扮乞丐、冒着生命危险把国民党军事“围剿”的绝密情报送达瑞金的项与年，有打入国民党中央组织部并在蒋介石身边卧底11年之久的沈安娜，有潜伏台湾担任国民党中将的吴石……他们或战斗在敌人的心脏，或在白区以公开身份为掩护，极为秘密地从事着地下斗争：传递情报，争取、策反敌人，设法营救被捕的同志……他们与那些在战场上浴血奋战的战士们一样，同样时刻面临着严峻的生死考验，他们在另一个特殊的战场为中国革命、为新中国的诞生作出了不可磨灭的贡献！

吴石

吴石（1894—1950），福建福州人，原国民党高级将领，在中国共产党的影响下，于1947年开始秘密为党工作，1949年8月赴台湾潜伏。1950年3月，因叛徒出卖被捕，6月从容就义于台北。

知识链接

吴石遗书（节选）

余素不事资产，生活亦俭朴。手边有钱，均以购书与援助戚友。抗战前余薪入较丰，所羡馀于抗战期间补贴无遗。胜利后，以人事纷冗，用度较大，有赖刘功芸兄与长芝族重任经济上援助者靡甚，余何能忘之？所望儿辈体会余一生清廉，应知自立，为善人，谨守吾家清廉节俭家风，则吾意足矣。

——节选自郑立辑《吴石诗文集》

吴石故居

生死情报战，是战斗在隐蔽战线的英雄们的重要战场。有时候，一个极为关键的情报，能够影响甚至改变历史的轨迹。在土地革命战争时期，有一条秘密交通线被形象地喻为“我们身上的血脉”，维系着远在上海的中共中央地下机关与中央苏区之间的联系。这条秘密交通线蜿蜒曲折 3000 多里，横亘闽、粤、赣三省的深山密林，沿途经过香港、汕头、大埔、永定、上杭、长汀等重要秘密交通站，要穿越国民党沿途设置的层层岗哨、关卡的严密盘查。这条秘密交通线承担护送党和军队的重要干部、传递重要情报和机密文件、采购和运送中央苏区急需的战略物资等任务，被称为中央红色交通线。各地下交通站交通员的选配条件极为严格：首先，要有较长的党龄，经过长期斗争考验，政治上坚定可靠，不怕牺牲，严守纪律；其次，要机警灵活，善于与各色人等打成一片，懂得当地“行话”，枪法要准，有丰富的对敌斗争经验；第三，要体格健壮，能够长途跋涉、昼伏夜行；第四，要有一定的文化，记忆力强，不能说梦话，以防泄密。

研学实践

中央红色交通线纪念馆研学实践

中央红色交通线纪念馆位于福建省龙岩市永定区金砂乡。中央红色交通线从上海的中共中央机关经香港、汕头、潮安、大埔、永定到瑞金。交通线下设若干个大、中、小交通站，其中永定虎岗为大站，下辖 2 个中站和若干个小站。

中央红色交通线在护送干部、运输物资、传递情报等方面发挥了不可替代的作用，为中国革命胜利作出了特殊的贡献。

可参观中央红色交通线纪念馆，谈谈中央红色交通线在中国革命史上的独特地位。

在白色恐怖之中，交通员们具有铁一般的信仰，与敌人斗智斗勇，前仆后继，不怕牺牲。他们护送了数百位中央和地方党政军领导同志及苏区急需人才，传送了大量的中央文件和秘密情报，源源不断地运送了一大批黄金、白银和苏区紧缺物资，没有出现一次失误现象，没有发生一例贪腐事件。地下交通员用忠诚和信仰守护着这条地下交通线，用宝贵的生命保证了交通线的畅通无阻，为中国革命作出独特的贡献。

每一位英雄，都是一面鲜艳夺目的红旗；每一段故事，都是一支感人肺腑的乐曲；每一首诗篇，都在倾诉着他们的永恒初心。信仰的力量是无穷的，正是为人民谋幸福、为民族谋复兴的初心和共产主义的理想信念，使革命先辈们产生了源源不断的战胜敌人的惊人勇气和无穷力量。习近平总书记指出："共和国是红色的，不能淡化这个颜色。无数的先烈鲜血染红了我们的旗帜，我们不建设好他们所盼望向往、为之奋斗、为之牺牲的共和国，是绝对不行的。"新时代青少年应当传承好红色基因，牢记"共和国是红色的"这个深刻道理，从小学英雄、长大做英雄，把个人奋斗融入建设社会主义现代化强国的伟大事业之中！

第二节　老一辈建设者开基创业奠定坚实基础

这张照片曾经感动了几代人，照片中这位人物就是家喻户晓的全国劳动模范、中国石油工人的优秀代表——"铁人"王进喜。

"铁人"王进喜

新中国成立前，国内消费的原油基本上依赖进口。1959 年 9 月，我国在东北松辽平原找到工业性油流，3 号井提前喷油。由于当时临近国庆十周年，因而这个新油田被命名为“大庆油田”。1960 年 2 月，党中央决定在大庆地区开展石油勘探大会战，抽调了几个优秀钻井队、几千名科技人员和 4 万多名职工。王进喜就是其中的一员。为了制服井喷，王进喜顾不上腿伤，跳进齐腰深的泥浆池，用身体搅拌滚烫的泥浆。最终，井喷被制服了，可王进喜的伤腿已血肉模糊，累得站不起来。“铁人”的名字也从此被叫开了。经过一年多的奋战，大庆油田探明了地质储量并投入开发。1963 年，我国原油产量达到 648 万吨，实现了石油产品的基本自给。

“铁人”王进喜是新中国老一辈建设者的优秀代表，也是新中国劳模群体的一个缩影。王进喜身上体现出的铁人精神是共和国老一辈建设者留给我们的一笔宝贵的精神财富。2019 年 9 月 26 日，在大庆油田发现 60 周年之际，习近平总书记致贺信，指出：“大庆油田的卓越贡献已经镌刻在伟大祖国的历史丰碑上，大庆精神、铁人精神已经成为中华民族伟大精神的重要组成部分。”

在那段开基创业的峥嵘岁月里，除了“铁人”王进喜，人民共和国还涌现出时传祥等一大批活跃在各条战线的劳动模范和优秀建设者，他们用辛勤的汗水为共和国大厦添砖加瓦，为今天的繁荣发展打下了坚实的物质和技术基础。老一辈建设者们身上凝聚着国家发展的记忆，是新时代接续奋斗的动力和方向。

1. 建立独立的、比较完整的工业体系和国民经济体系

老式“解放牌”汽车

旧中国的工业基础非常落后，1949 年使用机器的工业只占国民经济的 17%，而且部门行业残缺不全，机械工业只能修配和生产一些小电机、小水泵等简单产品，汽车、飞机、坦克、拖拉机等都不能制造。新中国成立后，经过“一五”计划以及有计划的经济建设，我国初步改变了历史遗留下来的技术落后、畸形发展的状况，建立起独立的、

比较完整的工业体系和国民经济体系，冶金设备、发电设备、高精度机床、拖拉机、汽车等制造业，造船、飞机等工业，以及石油化工、电子等新兴工业，从无到有、从小到大地发展起来。到改革开放前后，我国已经能够生产几万种普通机电产品，以及一些技术复杂的大型、精密的机电产品。

知识链接

大庆油田

朱　德

八一参观大庆田，
采油部队建功全。
围攻四载荒丘灭，
创造百年企业坚。
政治恰符群众意，
指挥亦并士兵肩，
大军十万开天地，
结合工农典范编。

（1964年8月1日，全国人大常委会委员长朱德到大庆油田视察，看到大庆的巨大变化和广大石油工人战天斗地的精神面貌后，写下了这首诗。）

农业的基础地位得到加强。京密引水等以灌溉为主的大型枢纽骨干工程和各种类型的水库，不仅在当时发挥了作用，而且在以后相当长时期内继续发挥效益。农业科技取得突破。1973年，我国在世界上首次培育成功强优势的籼型杂交水稻，为我国粮食增产作出了巨大贡献。

铁路、交通运输等基础设施建设取得明显进展。成渝、天兰、兰新等大批铁路干线，以及工程极为艰巨的康藏、川藏等公路干线陆续建成，我国铁路营业总里程从新中国成立之初的2.2万千米，增加到1978年的5.2万千米，公路里程从8.1万千米增加到89万千米。沟通城乡、覆盖全国的基础性邮政网络建成。全国邮政网点从新中国成立之初的2.6万个发展到1978年的5万个，邮路总长度从70.6万千米发展到486万千米。1968年建成的南京长江大桥，是当时我国自行设计、建造的最大的铁路、公路两用桥。

南京长江大桥

2. “两弹一星”奠定大国地位

我国核工业从 1955 年初开始起步，广大科技工作者克服各种困难，坚持自主创新，掌握了关键核心技术，于 1964 年 10 月 16 日成功爆炸了第一颗原子弹。1967 年 6 月 17 日，我国又成功爆炸了第一颗氢弹。我国在核技术领域的成功突破，打破了西方国家的核垄断和核威胁。从爆炸第一颗原子弹到爆炸第一颗氢弹，法国用了 8 年 6 个月，美国用了 7 年 4 个月，英国用了 4 年 7 个月，苏联用了 4 年，而中国仅用了 2 年 8 个月，速度是世界上最快的。这充分体现了中国人民的智慧和力量。

从 20 世纪 60 年代中期起，我国又开始空间技术的研究。1964 年 6 月，我国研制的第一枚运载火箭试验成功。之后，中程、中远程运载火箭又研制成功。运载火箭研究取得的突破，为后来将人造地球卫星准确送入运行轨道提供了必要的技术支撑。经过 5 年时间，1970 年 4 月 24 日我国终于成功发射了第一颗人造地球卫星“东方红一号”，成为继美、苏、法、日四国之后第五个能制造和发射人造卫星的国家。1975 年 11 月 26 日，我国又成功地发射了一颗可回收的人造地球卫星。为了纪念中国航天事业的伟大成就，发扬中国航天精神，2016 年 3 月 8 日，国务院批复，将每年 4 月 24 日命名为“中国航天日”。

改革开放前，共和国的老一辈建设者们披荆斩棘，在国防尖端科学技术领域攻坚克难、自主创新，取得令世界震惊的突破性进展，极大地提高了中国在国际社会的地位，产生了极为深远的战略影响。正如邓小平指出：“如果六十年代以来中国没有原子弹、氢弹，没有发射卫星，中国就不能叫有重要影响的大国，就没有现在这样的国际地位。这些东西反映一个民族的能力，也是一个民族、一个国家兴旺发达的标志。”

原子弹爆炸场景图

“两弹一星”浮雕

3. 民生事业得到改善

人民物质生活水平得到逐步提高。根据中共中央党史研究室资料显示：全国居民的人均消费水平稳步提升，农村居民从 1952 年的 65 元增加到 1976 年的 131 元，同期城镇居民从 154 元增加到 365 元。在大规模开展国家工业化建设的情况下，人民群众生活逐年改善，尽管增幅不大，但占世界 1/4 人口的基本生活需求得到初步满足，这在当时是世界公认的奇迹。全国总人口从 1949 年的 5.4167 亿增长到 1976 年的 9.3717 亿，同期粮食的人均占有量从 418 斤（1 斤为 0.5 千克）增加到 615 斤。这表明，增产的粮食不仅养活了近 4 亿人，而且使 9 亿多人的人均占有粮食量比 5 亿多人时增加了近 200 斤。

人民健康事业有了较大发展。从 1952 年开始，毛泽东等老一辈革命家倡导和发动爱国卫生运动这一富有中国特色的群众性卫生活动。全国医疗卫生机构和从业人员均有大幅度增加，1949 年全国各类医疗卫生机构 3670 个，床位数 8.46 万张，到 1976 年发展到 157 959 个，186.17 万张；全国各类医疗卫生机构人员在 1949 年为 54.1 人，到 1976 年为 806.5 万人。20 世纪 70 年代，国家开始实行免疫规划和预防接种登记制度，在新中国成立前肆虐横行的天花、鼠疫、霍乱、黑热病、回归热、斑疹、伤寒等恶性传染病被基本消灭或消灭，在中国流行了2000多年、严重危害人民健康的血吸虫病也被基本消灭。全国人口的死亡率从1949年的20‰下降到1976年的7.25‰；居民平均预期寿命由1949年的35岁提高到1975年的63.8岁。

教育面貌有了较大改变。从1949年到1976年，小学在校生从2439万人发展到1.5亿人，中学在校生从103.9万人发展到5836.5万人，高等学校在校生从11.7万人发展到56.5万人。学前教育从1950年的14.0万人，发展到1976年的1395.5万人。改革开放前，党和国家培养出来的各类人才成为这一时期国家建设乃至新时期改革开放和社会主义现代化建设的主要骨干力量。正如1981年召开的中共十一届六中全会通过的《关于建国以来党的若干历史问题的决议》指出："我们现在赖以进行现代化建设的物质技术基础，很大一部分是这（个）期间建设起来的；全国经济文化建设等方面的骨干力量和他们的工作经验，大部分也是在这（个）期间培养和积累起来的。"

知识链接

水调歌头·游泳

毛泽东

才饮长沙水，
又食武昌鱼。
万里长江横渡，
极目楚天舒。
不管风吹浪打，
胜似闲庭信步，
今日得宽余。
子在川上曰：
逝者如斯夫！
风樯动，
龟蛇静，

起宏图。
一桥飞架南北,
天堑变通途。
更立西江石壁,
截断巫山云雨,
高峡出平湖。
神女应无恙,
当惊世界殊。

七律二首·送瘟神

毛泽东

读六月三十日《人民日报》,余江县消灭了血吸虫。浮想联翩,夜不能寐。微风拂煦,旭日临窗。遥望南天,欣然命笔。

其 一

绿水青山枉自多,华佗无奈小虫何!
千村薜荔人遗矢,万户萧疏鬼唱歌。
坐地日行八万里,巡天遥看一千河。
牛郎欲问瘟神事,一样悲欢逐逝波。

其 二

春风杨柳万千条,六亿神州尽舜尧。
红雨随心翻作浪,青山着意化为桥。
天连五岭银锄落,地动三河铁臂摇。
借问瘟君欲何往,纸船明烛照天烧。

第三节 把为人民幸福而奋斗作为自己最大的幸福

2020年10月26日至29日,中国共产党十九届五中全会在北京召开,审议通过《中共中央关于制定国民经济和社会发展第十四个五年规划和二〇三五年远景目标的建议》，为未来 5 年乃至 15 年中国发展谋篇布局、擘画蓝图。

会议制定中长期发展规划（计划），直接关系亿万人民的根本利益，这是党和国家政治生活和经济生活的大事。2020 年 8 月 24 日，习近平总书记在主持召开经济社会领域专家座谈会时指出：“用中长期规划指导经济社会发展，是我们党治国理政的一种重要方式。”

1953 年新中国制定第一个五年计划，到 2020 年制定第十四个五年规划。这些规划的制定和实施有力地推动了我国经济社会发展，创造了世所罕见的经济快速发展奇迹和社会长期稳定奇迹。新中国 70 多年连续制定和实施 14 个五年发展规划，不但生动体现了中国共产党一件事情接着一件事情办、一年接着一年干的务实作风，而且雄辩地说明了党的基本路线是国家的生命线、人民的幸福线，必须始终坚定不移地坚守和贯彻。

1. 党的基本路线要管一百年

党的基本路线，即党在社会主义初级阶段的基本路线，最早是在 1987 年 10 月召开的中国共产党第十三次全国代表大会上提出的。

无产阶级政党在一定历史时期都要制定自己的基本路线作为全党的行动准则和奋斗目标。中国共产党自成立以来，在革命、建设和改革的不同历史阶段，制定了一系列基本路线或总路线。在新民主主义革命时期，党制定了新民主主义革命总路线，指引中国人民取得了新民主主义革命的胜利。新中国成立后，1952 年党又制定了过渡时期总路线，完成了“一化三改”的历史任务，在中国建立起社会主义的基本制度。但是中国社会主义建设应该执行什么样的基本路线，中国共产党为此进行了长期的艰辛探索，既积累了丰富的历史经验，也汲取了深刻的教训。

1987 年 10 月，党的十三大在深刻总结中国社会主义建设基本经验的基础上，不但对我国社会主义初级阶段作出准确判断，而且提出党在社会主义初级阶段的基本路线：领导和团结全国各族人民，以经济建设为中心，坚持四项基本原则，坚持改革开放，自力更生，艰苦创业，为把我国建设成为富强、民主、文明的社会主义现代化国家而奋斗。党的基本路线的主要内容简称为“一个中心、两个基本点”，即以经济建设为中心，坚持四项基本原则、坚持改革开放。

党的基本路线既是新中国成立以来社会主义建设特别是新时期改革开放历史经验的深刻总结，又是“定海神针”，保证了中国特色社会主义这艘航船沿着正确的方向不断劈波斩浪、开拓前进。20 世纪 80 年代末 90 年代初，苏联东欧剧变，国际局势风云变幻，但是中国顶住了巨大的压力，坚定不移地坚持党的基本路线，从而坚持了中国特色社会主义。1992 年 1 月至 2 月，中国改革开放的总设计师邓小平在武昌、深圳、上海等地视察时发表了重要讲话，再次强调：“不坚持社会主义，不改革开放，不发展经济，不改善人民生活，只能是死路一条。基本路线要管一百年，动摇不得。”

2. “中国奇迹”当惊世界殊

如果说 1978 年是一段难忘的岁月，因为中国拉开了改革开放的历史序幕，那么，2018 年也是一个举世瞩目的时间节点，因为中国改革开放已经走过了风雨 40 年。2018 年 12 月，党中央举行了庆祝改革开放 40 周年大会，向全世界展现了干货满满的中国改革开放“成绩单”：

——国内生产总值由 3679 亿元增长到 2017 年的 82.7 万亿元，年均实际增长 9.5%，远高于同期世界经济 2.9% 左右的年均增速。

——国内生产总值占世界生产总值的比重由改革开放之初的 1.8% 上升到 15.2%，对世界经济增长贡献率超过 30%。

——货物进出口总额从 206 亿美元增长到超过 4 万亿美元，累计使用外商直接投资超过 2 万亿美元，对外投资总额达到 1.9 万亿美元。

——居民人均可支配收入由 171 元增加到 2.6 万元，中等收入群体持续扩大。

——贫困人口累计减少 7.4 亿人，贫困发生率下降 94.4 个百分点，谱写了人类反贫困史上的辉煌篇章。

——九年义务教育巩固率达 93.8%。

——建成了包括养老、医疗、低保、住房在内的世界最大的社会保障体系，基本养老保险覆盖超过 9 亿人，医疗保险覆盖超过 13 亿人。

——居民预期寿命由1981年的67.8岁提高到2017年的76.7岁。

…………

改革开放之初，老百姓日常生活离不开粮票、布票、肉票、鱼票、油票、豆腐票、副食本、工业券等票证。这是那个时代物质匮乏的历史见证。如今，这些票证早已进入历史博物馆，困扰中国人民几千年的缺吃少穿、生活困顿的问题一去不复返了！特别是如期打赢脱贫攻坚战，党的十八大以来全国832个贫困县全部摘帽，12.8万个贫困村全部出列，近1亿农村贫困人口实现脱贫，提前10年实现联合国2030年可持续发展议程减贫目标，历史性地解决了绝对贫困问题。

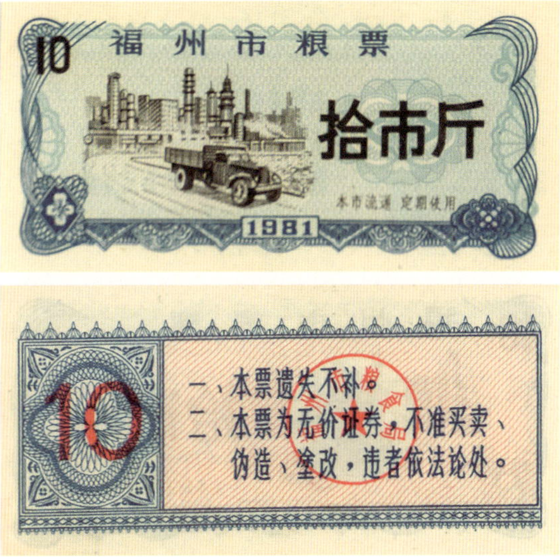

粮票

研学实践

寿宁县下党乡研学实践

20世纪80年代末，下党乡没有公路、没有自来水，群众生活非常困难，1988年人均纯收入仅186元，是名副其实的特困乡。“车岭车上天，九岭爬九年”正是当时下党乡的生动写照。习近平总书记在福建工作期间，曾三进下党乡调研指导扶贫工作。经过多年“滴水穿石”般的不懈努力，下党乡终于成功摘掉了“穷帽子”，走出了一条生态美、百姓富的摆脱贫困之路。下党乡的发展是中国打赢脱贫攻坚战的一个缩影。2019年8月4日，习近平总书记给下党乡的乡亲们回信，祝贺他们成功脱贫，并勉励乡亲们“继续发扬滴水穿石的精神，坚定信心、埋头苦干、久久为功，持续巩固脱贫成果，积极建设美好家园，努力走出一条具有闽东特色的乡村振兴之路。”

可参观下党乡“难忘下党”主题馆、鸾峰桥等，寻访习近平总书记当年的足迹，感悟中国精准扶贫、精准脱贫的伟大成就。

中国赢得了诸多的世界第一或第二：制造业第一大国，货物贸易第一大国，外汇储备连续多年位居世界第一，世界第二大经济体，商品消费第二大国，外资流入第二大国。

中国改革开放40多年创造了世所罕见的经济奇迹，为全世界所瞩目、所惊羡。2019年，前民主德国统一社会党总书记克伦茨在中国出版了《我看中国新时代》，高度评价了中国改革开放所带来的深刻变化，特别是中国共产党第十八次全国代表大会以来取得的卓越成就。他认为，中国的发展模式和现行政策是符合马克思主义精神实质的，而苏联和民主德国乃至整个东欧的社会主义之所以失败，归根结底是因为背离了马克思主义的基本原理。他在书中写道：德国统一后，原民主德国超过10万名科学家一夜之间沦为失业者或提前退休，各级领导被送上法庭的数以万计，被判刑的超过1000人。统一后的德国，并没有变得更加公平，虽然在国家法律上统一了，但在社会上、经济上、精神上仍然是分裂的。民主德国的人民财产被清算，只有5%留在当地并转化为私有财产，其他85%流向西德，10%成为外国人的财产。尽管德国东部人口占全德人口约20%，但是在政治、司法、军队、媒体、文化领域的领导岗位上，在企业的董事会成员中，德国东部人的比例只有大约5%。在克伦茨看来，社会主义并未因为1991年苏联被击垮和欧洲社会主义的沦亡而终结；资本主义已经最终统治整个世界、马克思主义已经死亡、社会主义已经被最终战胜的断言显然过于草率，因为中国代表着世界社会主义的希望。

中国经济奇迹是如何创造出来的呢？从根本上说，在于40多年来我们既不走僵化封闭的老路，也不走改旗易帜的邪路，而是始终毫不动摇地坚持党的基本路线这条国家的生命线、人民的幸福线，坚定不移地走中国特色社会主义道路。2018年12月，习近平总书记在庆祝改革开放40周年大会上指出："我们要坚持党的基本路线，把以经济建设为中心同坚持四项基本原则、坚持改革开放这两个基本点统一于新时代中国特色社会主义伟大实践，长期坚持，决不动摇。"坚持党的基本路线，核心是坚持党的全面领导。这是中国改革开放40多年积累的宝贵经验。

第四节　新时代砥砺奋进　续写辉煌

随着城市公共交通的发展，公交车日益成为大多数市民出行的便捷交通工具之一。过去，在公交车站翘首等候车辆到来，对不少市民来说是一件烦心事。但是现在，市民们可以免除这个烦恼了，因为在 App 上就可以看到公交车正在行驶的位置和预计抵达站点的时间。这是由于北斗高精度定位终端，使公交车实时预报准确率达到 95%。

北斗系统是党中央决策实施的国家重大科技工程，是我国自主建设、独立运行的全球卫星导航系统。2020 年 7 月 31 日，北斗三号全球卫星导航系统正式开通，标志着新时代我国高科技自主创新又取得了一重大成果。然而，这仅仅是新时代取得的众多伟大成就之一。党的十八大以来，党和国家事业取得了历史性成就，发生了历史性变革，续写了中国社会长期稳定的奇迹。

1. 砥砺奋进的新时代

“人民对美好生活的向往就是我们的奋斗目标。”这是党的十八大以来以习近平同志为核心的党中央对全国人民的庄严承诺。从石库门到天安门，从兴业路到复兴路，时光在流逝，社会在巨变，但不变的是中国共产党人始终如一的初心和使命。

党的十八以来，中国特色社会主义进入新时代，新一届党中央提出创新、协调、绿色、开放、共享的新发展理念，全面推进经济、政治、文化、社会、生态、军队、党建等各个领域的改革，有力推动全面建成小康社会迈出重大步伐。2015 年 10 月，党的十八届五中全会开始谋划、编制党的十八大以来的第一个五年规划——“十三五”规划。“十三五”规划意义极其重大，是实现党的第一个百年目标的关键五年。五年来，神州大地变化喜人，老百姓分享到更多的改革发展成果：

——经济实力大幅跃升。国内生产总值从 2000 年 10 万亿元到 2019 年突破 100 万亿元，对世界经济增长的贡献率达到 30% 左右；人均国内生产总值首次突破 1 万美元大关，与高收入国家的差距进一步缩小；人均可支配收入从 0.4 万元增加到 3.1 万元；社会消费品零售总额从 3.91 万亿元增加到 40.8 万亿元，成为全球第二大消费市场。

——把“饭碗”牢牢端在中国人自己的手中。民以食为天，粮食安全是国家安全的基石。我国严守18亿亩耕地红线，全面落实15.46亿亩以上永久基本农田特殊保护制度；粮食产能站稳0.65万亿千克台阶；2020年粮食产量0.685万亿千克，人均粮食占有量483千克，创历史新高，粮食供应总量充裕，有能力保证14亿人每天到点开饭。化肥使用量连续4年负增长，农药使用量连续5年负增长，三大主粮化肥利用率达到39.2%，农药利用率达到39.8%，分别比2015年提高了4个和3.2个百分点。

大丰收

——民生事业成绩斐然。居民生活质量明显提升，2019年全国居民人均可支配收入30 733元，比2015年增长39.9%；居民恩格尔系数下降至28.2%，比2015年下降2.4%；家电全面普及，每百户家用汽车拥有量达35.3辆。1.4亿家庭年收入达到10万—50万，形成了世界上规模最大的中等收入群体。城乡居民住房条件明显改善。2019年城镇居民和农村居民人均住房建筑面积分别为39.8平方米和48.9平方米，比2019年分别增加6.9平方米和11.8平方米。农村人居环境整治稳步推进，到2020年8月底，农村卫生厕所普及率超过65%，生活垃圾收运处置体系覆盖90%以上行政村。健康中国建设开局良好，2019年我国居民人均预期寿命达到77.3岁，比2015年提高0.96岁；看病更加方便，超过80%的居民15分钟内能够到达最近的医疗点；建成世界上规模最大的社会保障体系，基本医疗保险覆盖超过13亿人，基本养老保险覆盖近10亿人。2019年，九年义务教育巩固率达94.8%，高等教育毛入学率超过50%，劳动年龄人口平均受教育年限为10.7年。就业规模持续扩大，2016年至2019年城镇新增就业累计超过6000万人；就业质量进一步提升，2016年至2019年全国城镇非私营单位就业人员平均工资年均增长9.9%；高校毕业生就业水平总体稳定。

——“绿色答卷”令人满意。我国坚定不移走生态优先、绿色发展之路，既要绿水青山，也要金山银山，坚决向污染宣战，打响大气、水、土壤污染防治三大攻坚战。我国成为全世界污水处理、垃圾处理能力最强的国家。2019 年，全国重点城市 $PM_{2.5}$ 和二氧化硫平均浓度，分别比 2013 年下降 43% 和 73%，重污染天数下降 81%。2020 年，全国地级及以上城市中，空气质量达标城市占比为 59.9%，地下水、地表水水质达标监测点占比分别为 88.2% 和 97.7%。老百姓感觉天越来越蓝，水质越来越好，生态也越来越美了。2020 年全国公众生态环境满意度达到 89.5%，比 2017 年提高了 10.7%。

研学实践

长汀生态治理研学实践

长汀曾是我国南方红壤区水土流失最严重的县之一，其严重程度居福建省首位，“山光、水浊、田瘦、人穷”是当地生态恶化、生活贫困的真实写照。习近平总书记在福建工作期间，曾 5 次到长汀调研指导水土治理工作，并且推动把长汀水土流失综合治理从 2000 年开始作为省政府为民办实事项目。二三十年来，长汀人民牢记习近平总书记当年“治理水土流失，建设生态农业”的嘱托，持续推进水土流失综合治理，实现了从浊水荒山向绿水青山、金山银山的转变，打造出中国生态治理的“长汀经验”。

可参观长汀县河田镇水土保持科教园等地，学习水土流失治理“长汀经验”和习近平生态文明思想。

——创新型国家建设进一步迈进。全球创新指数排名大幅跃升，从 2015 年的第 29 名跃升到 2019 年的第 14 名，已迈入创新型国家行列，而且是榜单前 30 名中唯一的中等收入经济体；标志性、引领性的重大原创成果不断涌现，“天眼”望天、“蛟龙”

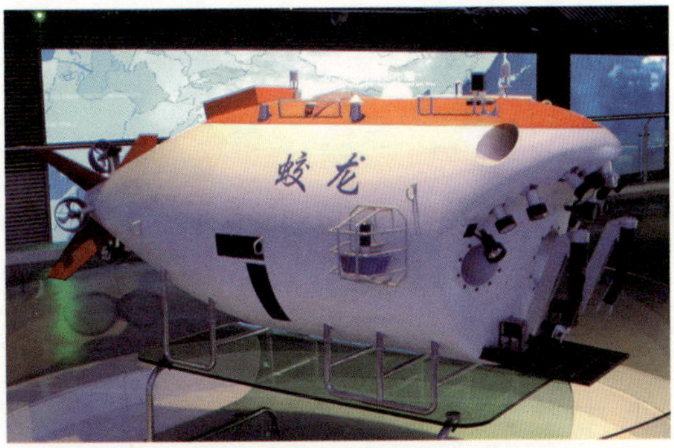

“蛟龙号”载人潜水艇模型图

探海、克隆猴问世、大飞机首飞等一批关键核心技术获得突破。

——基础设施建设成绩斐然。2015 年 12 月底中国高铁营运里程为 1.9 万千米，到 2020 年末，高速铁路营业总里程超过 3.8 万千米，比“十二五”末增加 1 倍，占全球高铁里程 2/3 以上；高速公路里程超过 14 万千米，稳居世界第一；港珠澳大桥、北京大兴国际机场等重大工程捷报频传。

…………

党的十八大以来，中国经济实力杠杠的，人民获得感满满的。

2. 开启全面建设社会主义现代化国家新征程

人民大会堂

党的十九届五中全会站在历史交汇点上，审议通过《中共中央关于制定国民经济和社会发展第十四个五年规划和二〇三五年远景目标的建议》，贯穿以人民为中心的发展思想，紧扣亿万群众的新期盼，对增进民生福祉、改善人民生活品质作出了科学谋划，为全国人民绘制了美好生活的前景：

——让百姓把“饭碗”端得更稳。“十四五”规划明确提出强化就业优先政策，完善重点群体就业支持体系，千方百计稳定和扩大就业，扩大就业容量，提升就业质量，促进充分就业。

——让百姓腰包更鼓起来。“十四五”规划明确提出提高人民收入水平，健全工资合理增长机制，着力提高低收入群体收入，扩大中等收入群体，多渠道增加城乡居民财产性收入，保持居民收入与经济增长基本同步。

——让教育质量再提升。教育关乎千秋万代，公平、优质的教育是人民群众的普遍关切。“十四五”规划明确提出建设高质量教育体系，推动义务教育均衡发展和城乡一体化，促进全民受教育程度不断提升，探索中国特色学徒制，大力培养技术技能人才。

——让人民更加健康。健康是最宝贵的财富，没有全民健康，就没有全面小康。党的十九大提出实施健康中国战略，为人民群众提供全方位全周期健康服务。“十三五”规划的实施在健康中国战略上迈出了成功的一步。“十四五”规划明确提出全面推进健康中国建设，织牢国家公共卫生防护网，改善疾控基础条件，完善公共卫生服务项目，强化基层公共卫生体系，加快优质医疗资源扩容和区域均衡布局，深入开展爱国卫生运动，促进全民养成文明健康生活方式，完善全民健身公共服务体系。

——让民生底线兜得更牢。“十四五”规划明确提出健全覆盖全民、统筹城乡、公平统一、可持续的多层次社会保障体系，健全基本养老、基本医疗保险筹资和待遇调整机制，实施渐进式延迟法定退休年龄，健全重大疾病医疗保险和救助制度。

——让晚年生活更幸福。家有一老，如有一宝。老年人是家庭和社会的宝贵财富。“十四五”规划明确提出实施积极应对人口老龄化国家战略，促进人口长期均衡发展，健全基本养老服务体系，积极开发老龄人力资源，发展银发经济，发展普惠型养老服务和互助性养老，支持家庭承担养老功能。

…………

党的十九届五中全会开启了全面建设社会主义现代化国家的新征程。在庆祝中国共产党成立 100 周年大会上，习近平总书记代表党和人民庄严宣告：经过全党全国各族人民持续奋斗，在中华大地上全面建成了小康社会，历史性地解决了全面贫困问题，正在意气风发地向着全面建成社会主义现代化强国的第二个百年奋斗目标迈进。党中央继续带领广大人民群众不断补齐民生短板，为创造更加美好幸福的生活而不懈奋斗。

» 第五节　人民军队忠实履行党赋予的使命任务

“雄赳赳，气昂昂，跨过鸭绿江。保和平，卫祖国，就是保家乡……”1950 年 6 月，朝鲜半岛爆发大规模战争，美国立即进行武装干涉，并且把战火燃烧到中国边境。应朝鲜劳动党和政府的请求，党中央经过反复权衡利弊，作出抗美援朝、保家卫国的决策。

抗美援朝纪念塔

经过近三年的抗美援朝战争，中国人民志愿军抵御了帝国主义的侵略扩张，狠狠打击了侵略者的嚣张气焰，捍卫了新中国的安全，保卫了中国人民的和平生活，维护了亚洲和世界和平。2020 年 10 月，习近平总书记在纪念中国人民志愿军抗美援朝出国作战 70 周年大会上发表讲话时指出：经此一战，中国人民粉碎了侵略者陈兵国门进而将新中国扼杀在摇篮之中的图谋，新中国真正站稳了脚跟。

抗美援朝伟大胜利的历史事实表明，这支听党指挥、能打胜仗、作风优良的人民军队，不愧是我们实现“两个一百年”奋斗目标、实现中华民族伟大复兴的战略支撑。

1. 打得一拳开，免得百拳来

古田会议旧址

1929 年 12 月，中国共产党红军第四军第九次代表大会在福建上杭古田召开，史称“古田会议”。古田会议确立了党对军队绝对领导的根本原则和制度，形成了人民军队区别于旧军队的政治特质和根本优势。从此，无论在革命、建设还是改革的各个历史时期，千千万万的革命将士忠心追随中国共产党，从硝烟弥漫的革命战争到服务、保障社会主义现代化国家建设。2014年，全军政治工作会议在福建上杭古田召开，对新时代政治建军作出部署，恢复和发扬我党我军光荣传统和优良作风。

尽管新中国成立初期，国家经济凋敝、百废待举，但是在美国侵略者把战火烧到中朝边境，国家安全和人民生命财产遭到严重威胁的生死存亡关头，中国共产党和中国政府经过深思熟虑，毅然作出抗美援朝、保家卫国的历史性决策。

战争的背后无疑是敌我两国综合国力的较量。一边是刚刚从战争的废墟中重建起来的新中国，另一边却是世界上最强大、全副武装的敌人，但是英勇的中国人民志愿军连续进行了5次战役，又粉碎了敌人布下的“绞杀战”“细菌战”。特别是上甘岭战役，前后历时43天，敌我双方在面积仅3.7平方千米的两个高地开展了反复争夺、殊死搏斗。在鏖战中，出现了以身体堵塞敌人机枪眼、为冲击部队打开道路的黄继光，双腿被打断仍坚持战斗、凭最后一口气拉响最后一颗手榴弹与敌人同归于尽的孙占元，等等。上甘岭成为永远的英雄地标，上甘岭战役成为一代又一代人的永恒记忆，上甘岭精神也永远融入中华民族的精神谱系之中。在抗美援朝战争中，共有290万志愿军将士赴朝参战，他们被祖国人民称誉为“最可爱的人”。

时任“联合国军”总司令的克拉克在他的回忆录里曾沮丧地说：“我获得了一个不值得羡慕的名声：我是美国历史上第一个在没有取得胜利的停战协定上签字的司令官。”抗美援朝战争的伟大胜利，震动了整个世界，使过去那些长期称霸世界、欺凌弱小国家的霸权主义者们不得不重新认识中国，从此再也不敢轻易地欺侮和侵犯中国。正如中国人民志愿军总司令彭德怀所说，抗美援朝战争的胜利雄辩地证明：“西方侵略者几百年来只要在东方一个海岸上架起几尊大炮就可霸占一个国家的时代一去不复返了。”

英勇的人民解放军在保卫和参加社会主义革命和建设中，在1962年中印边境自卫反击战、1969年珍宝岛自卫反击战、1979年对越自卫反击战等多次边境自卫作战中取得了胜利，发挥了人民民主专政的坚强柱石作用。

2017年8月1日，在中国人民解放军建军90周年来临之际，习近平总书记发表重要讲话，高度评价了人民军队在不同历史时期建立的伟大历史功勋。其中，关于社会主义革命和建设时期以及改革开放新时期人民军队的历史功勋，习近平总书记讲了两段沉甸甸的话：

“……英雄的人民军队，积极投身社会主义革命和建设，全面履行保卫祖国、保卫人民和平劳动的职能，胜利进行抗美援朝战争和多次边境自卫作战，打出了国威军威，捍卫了祖国万里边疆和辽阔海空，为巩固新生人民政权、形成中国大国地位、维护中华民族尊严提供了坚强后盾。

人民解放军雕塑

“……英雄的人民军队，积极投身改革开放新的伟大革命，有力服务和保障国家改革发展稳定大局，依法履行香港、澳门防务职责，有效应对国家安全面临的各种威胁，坚决打击一切形式的分裂破坏活动，积极参与对外军事交流合作和联合国维和行动，为维护中国共产党领导和我国社会主义制度，为维护国家主权、安全、发展利益，为维护我国发展的重要战略机遇期，为维护地区和世界和平提供了强大力量支撑。”

2. 服务和保障国家改革发展稳定大局

进入新时代，如何加强和改进新形势下人民军队政治工作，实现党在新时代的强军目标，在各种重大挑战、重大风险、重大阻力、重大矛盾面前，更好地担当起党和人民赋予的使命任务，是一个紧迫性的重大战略问题。

2014 年 10 月 30 日，全军政治工作会议在福建省上杭县古田镇召开，习近平总书记发表重要讲话，强调当前最紧要的是把四个带根本性的东西立起来：一是要把理想信念在全军牢固立起来，二是要把党性原则在全军牢固立起来，三是要把战斗力标准在全军牢固立起来，四是要把政治工作威信在全军牢固立起来。全军政治工作会议从根本上解决了官兵为谁扛枪、为谁打仗，当兵干什么、练兵为什么等根本性问题，开启了新时代强军事业的新征程。

党的十八大以来，在习近平强军思想的指引下，人民军队实现了革命性重塑和浴火重生。根据 2019 年 7 月发布的《新时代的中国国防》白皮书，2012 年以来人民军队在保卫国家安全和守护人民幸福生活方面发挥了重要作用：

——参加抢险救灾，协助开展灾后重建工作。2012 年以来，解放军和武警部队共出动 95 万人次、组织民兵 141 万人次，动用车辆及工程机械 19 万台次、船艇 2.6 万艘次、飞机（直升机）820 架次参加抢险救灾；先后参加云南鲁甸地震救灾、长江中下游暴雨洪涝灾害抗洪抢险、雅鲁藏布江堰塞湖排险等救灾救援行动，协助地方政府解救、转移安置群众 500 余万人，巡诊救治病员 21 万余人次，抢运物资 36 万余吨，加固堤坝 3600 余千米。2017 年，驻澳门部队出动兵力 2631 人次，车辆 160 余台次，协助特别行政区政府开展强台风“天鸽”灾后救援。

——坚定维护国家领土主权和海洋权益，严密防范各类蚕食、渗透、破坏和袭扰活动。中国在南海岛礁进行基础设施建设，部署必要的防御性力量，在东海钓鱼岛海域进行巡航。组织东海、南海、黄海等重要海区和岛礁警戒防卫，坚决应对海上安全威胁和侵权挑衅行为，2012 年以来组织舰艇警戒巡逻 4600 余次和维权执法 7.2 万余次，维护海洋和平环境和良好秩序。

——有效维护海外中国公民、组织和机构的安全和正当权益。2015 年 3 月，也门安全局势严重恶化，中国海军护航编队赴也门亚丁湾海域，首次直接靠泊交战区域港口，安全撤离 621 名中国公民和 279 名来自巴基斯坦、埃塞俄比亚、新加坡、意大利、波兰、德国、加拿大、英国、印度、日本等 15 个国家的公民。

…………

特别是 2015 年 3 月 12 日，习近平总书记在出席第十二届全国人民代表大会第三次会议解放军代表团全体会议时提出，深入实施军民融合发展战略，努力开创强军兴军新局面。自此，深入实施军民融合发展战略上升为国家战略，为人民军队

国产大型客机 C919

更好地服务和保障社会主义现代化国家建设开拓了广阔的空间。党的十八大以来，重点领域军民融合不断深化拓展，北斗卫星导航系统的建成、国产大型客机 C919 首飞成功、华龙一号技术的先进性和成熟性得到世界认可……军民科技协同创新，不断取得重大突破性进展。

习近平总书记坚持富国和强军相统一，指出：“我们越来越深刻地认识到，安全是发展的前提，发展是安全的保障。”党的十九届五中全会把统筹发展和安全纳入“十四五”规划，明确要求“促进国防实力和经济实力同步提升”，通过集中力量实施国防领域重大工程、优化国防科技工业布局、完善国防动员体系，不断提高捍卫国家主权、安全、发展利益的战略能力，确保 2027 年实现建军百年奋斗目标。

回首百年峥嵘岁月，我们走得再远都不能忘记来时的路，因为只有看清楚过去我们为什么能够成功，才能弄明白未来我们怎么才能继续成功。创业难，守业更难。青少年要自觉传承红色基因，扣好人生的第一粒扣子，今天做祖国的好少年，明天做祖国的建设者，在新时代谱写人生的绚丽篇章。

图书在版编目（CIP）数据

走进新时代．四 / 《走进新时代》编写组著．— 厦门：鹭江出版社，2022.5（2022.6 重印）

ISBN 978-7-5459-1980-6

Ⅰ．①走… Ⅱ．①走… Ⅲ．①故事—作品集—中国—当代 Ⅳ．① I247.81

中国版本图书馆 CIP 数据核字（2022）第 023500 号

走进新时代（四）

《走进新时代》编写组　著

出　　版：鹭江出版社

地　　址：厦门市湖明路 22 号　　**邮政编码**：361004

发　　行：福建新华发行（集团）有限责任公司

印　　刷：福建新华联合印务集团有限公司

地　　址：福州市晋安区福兴大道 42 号　　**联系电话**：0591-88208488

开　　本：700mm×1000mm　1/16

印　　张：8

字　　数：107 千字

版　　次：2022 年 5 月第 1 版　　2022 年 6 月第 2 次印刷

书　　号：ISBN 978-7-5459-1980-6

定　　价：27.00 元
